BUZZ

© 2018 Buzz Editora

Publisher ANDERSON CAVALCANTE
Editora SIMONE PAULINO
Projeto gráfico ESTÚDIO GRIFO
Revisão DIEGO FRANCO GONÇALES

Dados Internacionais de Catalogação na Publicação (CIP) de acordo com o ISBD

Oshiro, Elton
Na vida, o obstáculo é o caminho / Elton Oshiro
São Paulo: Buzz Editora, 2018.
160 pp.

ISBN 978-85-93156-69-4

1. Literatura brasileira 2. Autodesenvolvimento
3. Empreendedorismo 4. Ficção I. Título

821.134.3(81)-31   CDD-869.89923

Elaborado por Vagner Rodolfo da Silva CRB-8/9410

Índices para catálogo sistemático:
1. Literatura brasileira: Ficção 869.89923
2. Literatura brasileira: Ficção 821.134.3(81)-31

Todos os direitos reservados à:
Buzz Editora Ltda.
Av. Paulista, 726 – mezanino
CEP: 01310-100 São Paulo, SP

[55 11] 4171 2317
[55 11] 4171 2318
contato@buzzeditora.com.br
www.buzzeditora.com.br

NA VIDA O OBSTÁCULO É O CAMINHO

ELTON OSHIRO

8
PREFÁCIO

9
INTRODUÇÃO

14
NÃO TEM COMO PULAR ETAPA NA VIDA

30
APRENDENDO A REMAR

44
SWITCH STANCE

66
IMAGINANDO A MANOBRA: O PODER DE UMA VISÃO

80
MEDO DE SE MACHUCAR

94
O OBSTÁCULO É O CAMINHO

106
SEJA OBSTINADO

116
ATITUDE MENTAL

136
CHAVE MESTRA

148
DINHEIRO NA PISTA

159
MENSAGEM FINAL

AGRADECIMENTOS

Quando coloco no papel toda a minha trajetória, me sinto ainda mais confiante porque vejo que Deus estava presente em cada ação dentro da minha jornada. Até os momentos mais difíceis foram sinais de que ele preparava algo para que eu pudesse ser mais forte.

Agradecer a Deus em primeiro lugar é entender que eu só pude ser conduzido através da minha história porque existia uma força maior que se fez presente durante todos os dias da minha vida.

Foi esta força quem possibilitou todos os encontros e fez com que eu pudesse me conectar com cada uma das pessoas que estiveram na minha vida.

Se hoje sou quem sou, é porque cruzei o caminho de cada uma delas.

Agradeço às minhas filhas Aretha e Mayumi, que me encorajam a acordar e lutar todos os dias; a meus pais Nilton e Rosa, que foram escolhidos por Deus para me conceder a vida; a meus irmãos, que sempre me trataram com amor e respeito; a meus familiares, por todo carinho e incentivo que me deram; a meus amigos, com quem vivo boas experiências e momentos que podem se tornar lembranças inesquecíveis e memoráveis.

Agradeço também a profissão do Marketing de Rede, que acendeu uma chama dentro de mim e mostrou que eu podia me tornar uma pessoa melhor, fazendo com que eu acreditasse que era possível realizar todos os meus sonhos.

Ao Skateboard, que me proporcionou a sensação de Liberdade e potencializou a minha Criatividade; a todos os skaters, por mostrarem ao mundo que é possível fazer coisas aparentemente impossíveis;

A meus mentores, que me mostraram qual caminho seguir, mesmo quando parecia que não haveriam caminhos; a todos os profissionais de marketing de rede, por serem inspiração e agentes de transformação na vida das pessoas; a todos os Empreendedores, que incansavelmente buscam soluções para melhorar a vida das pessoas;

A Editora Buzz e toda sua equipe, Anderson você é incrível, Cinthia Dalpino você é um anjo e tem um coração de tamanho imensurável, sem vocês este livro não seria realidade;

A todas as pessoas que passaram na minha vida, eu não acredito em acaso ou coincidência, por isso sei que todas elas, de certa forma agregaram valor a minha vida;

Por último, a todos os obstáculos que surgiram no meu caminho e se tornaram o caminho. Sem eles, eu não estaria aqui.

Dedico esta obra à minha Avó Sizue Aguena e meu avô Zencho Oshiro (in memoriam) por terem sido os meus pais, e exercerem papel essencial na minha formação com ser humano.

PREFÁCIO

Ter a honra de prefaciar o livro do meu grande amigo Elton e estar ao lado dele neste momento de realização profissional é um marco muito importante.

Conheci o Elton num período em que mudamos a história de nossas vidas. Era um momento onde duas pessoas se encontravam para construir algo maior. Posso dizer com toda certeza que esse cara mudou a história do marketing multinível quando nossos caminhos se cruzaram.

Hoje sei como é bom poder ter por perto pessoas disciplinadas, trabalhadoras que se dedicam incansavelmente a um propósito. Como eu sempre digo, ter paixão, crença e atitude é essencial para uma vida próspera em todos os sentidos – e o Elton é a expressão da atitude, colocando toda a energia em suas ações. Ele acredita e mostra a força dessa crença em suas palavras e é apaixonado por desenvolver e impactar pessoas, ajudando-as a melhorarem suas vidas.

Neste livro, que mostra como superou cada um dos obstáculos de sua vida, ele compartilha aprendizados importantes para que cada um de nós possamos colocar em prática. É um manual prático de como viver no meio das turbulências. Para viver é preciso ter coragem de desafiar a dor e transformá-la num combustível para a ação.

Que essa força que ele demonstra através da resiliência possa despertar a força que já existe dentro de você.

Sandro Rodrigues
Presidente do Grupo Hinode

INTRODUÇÃO

Eu estava de pé, no *backstage* do palco, esperando que a voz no microfone dissesse meu nome. Na plateia, 9 mil pessoas assistiam ao evento realizado na Federação das Indústrias do Estado do Rio Grande do Sul. Eu sabia o peso da responsabilidade que carregava.

Eu estava imaginando aquele monte de gente com o olhar focado na única pessoa que estaria no palco.

Essa pessoa era eu.

Meu coração batia em descompasso. As batidas eram semelhantes às do tempo em que eu participava dos campeonatos de skate na adolescência.

Quando ouvi meu nome no alto falante, e toda a cadeia de pensamentos que vêm e vão sempre que eu me preparo para entrar no palco foi interrompida, meu coração acelerou.

Fechei os olhos e senti a vibração das palavras que a multidão gritava, em coro.

Él-ton Oshiro! Él-ton Oshiro!

A sensação era boa, mas me fez pensar: "*Quem era aquele homem que entraria no palco, tomaria posse do microfone e contaria, durante as próximas horas, suas histórias de vida?*".

Minhas recordações puxaram um fio de memória do primeiro dia em que ingressei num evento desse tipo e duvidei de que aquele negócio pudesse transformar a vida de alguém. Quantas dúvidas eu tinha enfrentado para chegar ali? Quantas quedas? Ou melhor, quantas vacas (como costumávamos chamar os capotes no skate)? Eu estava longe do universo do skate, mas as gírias que aprendi nesse esporte ainda me acompanhavam em todos os ambientes que eu frequentava.

Estar ali era a prova de que eu tinha conseguido ultrapassar meus próprios limites. Estar ali era um teste para os medos mais secretos que eu alimentava. Eu ainda os vejo, porém hoje os deixo morrer de fome.

Para um cara que nunca tinha imaginado que um dia trabalharia falando em público, era uma vitória e tanto. Uma vitória daquelas que eu guardava num canto dentro da minha caixa de recordações, que reuniam tantos troféus de campeonatos de skate conquistados ao longo da vida.

Respirei fundo. Lembrei do *nollie*, um movimento do skate que era ao mesmo tempo simples e complexo. Para realizá-lo, é preciso ganhar impulso e equilíbrio, mas antes deve-se conquistar a estabilidade.

Recordei a sensação que as manobras despertavam em mim e imaginei o vento batendo na cara, a liberdade que aquele estilo de vida me proporcionava.

Entendi, finalmente, que estava no lugar certo.

Eu era o Elton Oshiro. O mesmo Shin que tinha encarado as pistas de skate mundo afora, sabendo que cada manobra exigia treinamento, disciplina e foco. O mesmo menino que tinha levado um ano para montar seu primeiro skate, sem pensar em desistir, que tinha praticado os movimentos à exaustão, só mudando o nível de dificuldade de cada um deles até conseguir pegar o jeito de todos.

Eu era o empreendedor, mas também era o skatista. Era o palestrante, mas era o mensageiro. Era a figura pública, mas ainda tinha muito daquele garoto retraído que havia crescido numa família oriental tradicional. Era o skatista que estava de olho nas inovações, antes que elas virassem tendência, e o homem de negócios que antecipava as tendências, para monetizá-las quando entrassem na moda.

Eu era um pouco de tudo, de tudo que tinha feito parte da minha história.

Um cara movido por paixão e energia, que se apaixonava por pessoas, ideais, esportes, estilos de vida e se manteve apaixonado o tempo todo, acelerando o processo de crescimento e desenvolvimento pessoal para não parar no meio do caminho

Não importa em que estágio da sua vida você está agora, mas sim o que você espera dela daqui em diante. Se você está com esse livro em mãos, talvez também tenha uma paixão aí dentro que quer te levar para algum lugar. Essa paixão pode ser seu combustível, porque ela nos inspira e nos impulsiona a fazer algo que acreditávamos ser impossível.

Basta você se recordar de todas as vezes em que não mediu esforços para fazer alguma coisa ou não viu o tempo passar enquanto estava envolvido com algo. Nesses momentos, entramos em estado de *flow*, como se uma autoconfiança nos dissesse que aquele impulso pode nos levar aonde só os sonhos alcançam.

A primeira vez em que me senti apaixonado foi aos 13 anos de idade. Não foi por uma garota, por quem qualquer outro menino da minha idade se apaixonaria. Eu me apaixonei pelo skate, era ele que fazia meus olhos brilharem.

Quando eu estava com meu skate, me jogava nas manobras, caía, levantava e, mesmo machucado, acordava entusiasmado para fazer tudo de novo no dia seguinte.

Cresci e continuei apaixonado pelo skate. Eu era um daqueles que se divide ao meio – como os dois hemisférios de um cérebro. De um lado, um Elton racional, mecanicamente programado para trabalhar sem sentir nenhuma emoção com o trabalho. Do outro, um cara que via nas horas de lazer a oportunidade de fazer as coisas de que gostava e sentir o coração bater mais forte.

Com o passar dos anos fui percebendo que era impossível viver daquele jeito. Eu acredito que você já tenha tido esse estalo de que ser feliz nas horas livres é muito pouco para satisfazer um coração que tem sede de viver em tempo integral. É horrível ter a sensação de que a vida está sendo desperdiçada. Se você está sentindo isso nesse exato momento, sugiro que entenda bem o que vou dizer:

Nunca é tarde para recomeçar. Ao longo desse livro, você vai entender por que afirmo isso.

No meio de uma crise pessoal, eu entendi que havia uma outra maneira de fazer dinheiro e lidar com a vida financeira. Foi nesse momento que conquistei a liberdade que tanto buscava e ao mesmo tempo entendi que o sucesso não estava atrelado ao dinheiro em si. Claro que o dinheiro é muito bom, e eu aprendi a apreciá-lo e a ter rendimentos que nunca tinha imaginado que um dia teria, mas isso só aconteceu quando percebi que o sucesso estava relacionado ao fato de executar bem aquilo que eu amava fazer. Foi assim que consegui assimilar alguns princípios básicos que eu poderia aplicar em outras áreas da vida.

O primeiro deles é de que tudo que você precisa para ter sucesso no que faz está dentro de você.

Quando recebi o convite para escrever o livro, vi mais uma vez aquele menino de 13 anos despertar seu olhar curioso para a vida.

Aquele menino que sonhava viajar para conhecer o mundo em um skate, que tinha percebido que trabalhar duro como empregado não faria com que os sonhos saíssem do papel e entendido, depois de bater a cabeça muitas vezes, que todo ser humano que sonhasse era capaz de realizar qualquer coisa. Eu tinha aprendido a voar.

Naquele dia sai pra andar de skate e fui arriscando algumas manobras.

Quando me vi perto da escadaria onde eu tinha vivido boa parte dos meus dias na adolescência, sentei no primeiro degrau e olhei para cima. Embora fosse o primeiro degrau, para quem estivesse subindo, era o último para quem fosse descer.

O último para aquele skatista que eu tinha sido.

Lembrei do primeiro skate, do primeiro campeonato. Do quanto tinha aprendido com aquele amigo inseparável que estava debaixo dos meus pés, me erguendo e servindo como meio de locomoção. Ele já tinha sido instrumento de prazer e de trabalho. Ele era a minha paixão.

Revivi os saltos, as descidas, as quedas, a mudança de direção, os treinos. As lições que tinham sido impressas na minha alma estavam intimamente ligadas ao skate.

Então, decidi escrever o livro, porque queria que todo mundo soubesse que era possível resistir aos tombos da vida e continuar fazendo as manobras certas.

Queria dizer para todo mundo que, quando faz algo com paixão, você se torna imbatível.

A linha para construir uma manobra é a mesma para abrir um negócio, ter sucesso ou realizar um sonho pessoal. É através dela que vamos embarcar nessa viagem. Eu, você e meu inseparável companheiro de manobras, que tanto me ensinou: minha paixão, o skate. Se andar de skate era tomar impulso, atravessar, subir, descer, dropar, improvisar, equilibrar, saber cair e levantar, era aquilo que eu fazia desde que me entendia por gente.

Naquele dia, antes de entrar no palco, se eu estava ali era por um motivo: precisava compartilhar a minha experiência e fazer aquelas pessoas entenderem o que era desfrutar a vida em liberdade.

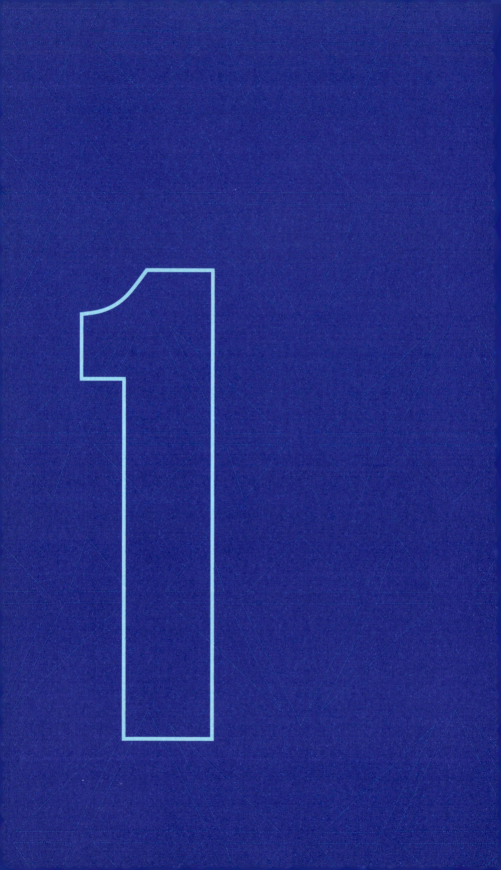

NÃO TEM COMO PULAR ETAPA NA VIDA

O skate nasceu na Califórnia, quando uns surfistas quiseram arrumar alguma coisa para fazer enquanto o mar estivesse sem ondas. Um deles teve uma ideia que emplacou: pegar pranchas de madeira e colocar umas rodinhas embaixo.

Foi assim que começou o tal surfe de calçada, que se espalhou pelo mundo todo.

Claro que até chegar ao Mato Grosso do Sul levou uma porrada de tempo. Posso dizer com convicção que em 1975, ano em que eu nasci, nenhum habitante de Campo Grande havia tido um skate.

Pelo menos é o que o Seu Zencho e a Dona Sizue, meus avós paternos, me contam. Era através dos olhos deles que eu enxergava as manobras da vida. Como as circunstâncias após meu nascimento não tinham sido favoráveis para o relacionamento entre meus pais, meus avós me criaram como filho.

Esse é o ponto de partida da minha história.

Essa é a primeira coisa que quero que você entenda: cada um de nós tem o seu ponto de partida. Você pode ter nascido em berço de ouro ou numa situação de extrema pobreza, mas o que muda no final das contas é como encarou tudo isso.

Em todas as trajetórias existem desafios. A diferença é como eles foram transpostos.

Lá em casa eu não nasci em berço de ouro. Para ser sincero, nem berço eu tinha. Minha mãe era empregada doméstica e meu pai vivia com o salário contado de bancário.

Por força dos acontecimentos, fui morar na casa de meus avós, em Campo Grande. Então, só para começo de conversa: se você é o tipo de pessoa que acha que todo mundo com êxito profissional teve algum tipo de privilégio, já pode fechar o livro.

Cada um de nós veio de um lugar. Eu me orgulho em dizer que morava em um bairro com poucos recursos, onde nem asfalto tinha. Nunca escondi de ninguém as minhas origens. Se você se lembrar de toda a sua trajetória, vai entender que independentemente de onde tenha sido seu ponto de partida, o que define onde você está nesse exato momento são as atitudes e as escolhas que teve ao longo da vida e não de onde saiu.

Claro que levei mais tempo para conquistar o que tenho hoje, mas se cheguei aonde eu queria, é porque tomei decisões e paguei o preço.

Meus avós, japoneses, eram disciplinados e faziam tudo para me manter dentro da caixa, por isso, eu não era muito de sonhar.

Provavelmente as suas origens também formaram algumas das crenças que você tem hoje. Conheço pessoas que nasceram em lugares simples e sempre se colocaram no papel de vítima, acreditando que a vida não tinha muito a oferecer a elas. Esse tipo de pessoa está sempre reclamando e certamente passará o resto da vida no mesmo lugar, porque cresceu com uma crença de que as coisas não poderiam ser mudadas.

Honro as minhas origens e tenho gratidão por tudo que meus pais e avós fizeram por mim, no entanto, sei que cada um fez o que estava ao alcance deles naquela época e condições. Não somos reféns da realidade em que vivemos.

Se o mundo se apresenta de uma determinada maneira, cabe a nós mudarmos o ângulo que o enxergamos.

Você já deve ter se perguntado porque faz algumas coisas de determinada maneira. Se observar os hábitos e costumes de pensar e agir da sua família de origem, entenderá muita coisa. Peço que observe com cuidado as suas crenças. Muitas delas podem te derrubar sem que você perceba.

SE O MUNDO SE APRESENTA DE UMA DETERMINADA MANEIRA, CABE A NÓS MUDARMOS O ÂNGULO QUE O ENXERGAMOS.

Na casa dos meus avós, além dos hábitos orientais, eu comia todos os dias a tradicional comida japonesa. Nossa cozinha era inspirada em Okinawa, a região onde meus bisavôs tinham nascido, no Japão, e por isso eu aprendia a ter um paladar refinado, do qual Dona Sizue se orgulhava.

Como eu era a única criança da família, ela cozinhava sempre o que eu gostava. Essa era a parte boa de ser rodeado de adultos. Só que eu não imaginava que me acostumaria a ter alguém tomando decisões por mim.

Se você parar para pensar, muitas vezes esperamos que a vida seja como a Dona Sizue: que ela traga de bandeja aquilo que achamos que merecemos sem nos levantarmos do sofá.

Dizem que eu era uma criança alegre e que não parava quieta. Quando hoje observo minha filha, logo sei a quem ela puxou. Eu brincava tanto que não conseguia ter sono na hora de dormir. É curioso como crescemos e não levamos a parte boa da infância conosco.

Você já pensou como seria bom levar a vida daquele jeito, sempre pensando em aproveitar o máximo de cada dia, como se o mundo fosse acabar amanhã?

Você já se perguntou por que crescemos e vamos endurecendo? Já se percebeu insensível e, ao rever sua história, viu que na infância a sua maneira de agir era tão pura que nada podia contaminá-lo se acreditasse na beleza do mundo?

Por que perdemos essa capacidade? Quando tento encontrar as respostas para essa pergunta, percebo que a realidade da vida tenta, a todo custo, endurecer o nosso coração. Talvez hoje você tenha a sensação de que já foi uma criança cheia de sonhos, planos e amor, mas conforme foi crescendo, deixou de acreditar – em você e nos outros.

Naquela família tudo era contado. Entender que o arroz que meu avô vendia na mercearia, a granel, tinha pesos e medidas rigorosos foi o suficiente para eu compreender que tudo tinha seu peso e valor.

Essa é uma das coisas que fizeram a diferença na minha formação: valorizar tudo que tínhamos.

Meu mundo até os 6 anos de idade era de casa para a escola e vice-versa. Era uma vida simples, onde eu mal podia pisar na rua, principalmente quando chovia, e eu ficava olhando do portão as poças de lama que se formavam.

A confiança era um dos preceitos básicos naquela família. Por isso, naquela festa de aniversário de 7 anos nunca imaginei que deixar minha bicicleta no quintal seria perigoso e que alguém pudesse passar do portão e entrar em casa para roubá-la. Talvez esse tenha sido meu primeiro contato com o mundo real.

A questão é que as quedas e o mundo de verdade viriam um tempo depois, quando eu finalmente fosse dono do meu próprio skate.

Mas um menino que foi criado numa casa onde não era permitido sonhar grande não ganhava presente toda hora. Assim, enquanto não tivesse meu próprio skate, observava as manobras dos meninos de Campo Grande.

Quando eu olhava para o skate, sentia a adrenalina correr nas veias. Via os caras com força de vontade tentando vencer as dificuldades que ele trazia, ensaiando o mesmo movimento quantas vezes fossem necessárias e aprendia com eles mais do que aprenderia na escola.

Aliás, já reparou quanta coisa aprendemos com a vida? Pode apostar que em cada esquina tem um aprendizado para quem está disposto a ir além. Enquanto observava os skatistas, mesmo sem conhecer a palavra "resiliência", ficava surpreso com a capacidade de eles deslizarem, caírem e se levantarem inúmeras vezes.

Sempre que caiam, voltavam a fazer o mesmo movimento com o máximo de esforço.

Se hoje eu caio – ou levo uma rasteira – e me levanto depressa sempre que percebo que dá para fazer melhor na tentativa seguinte.

A pergunta é: quantas vezes você desistiu na primeira queda? Quantas vezes ficou parado, estatelado no chão, esperando que alguém te levantasse?

Eu não queria te jogar um balde de água fria, mas, na vida, se você não se levantar, ninguém te puxa para cima. A própria Bíblia explica: para ser ajudado, você primeiro precisa ajudar a si próprio.

Observe sua vida e responda: você está reclamando que ninguém te levanta ou está fazendo algum esforço para tentar a próxima manobra?

Ao observar o comportamento dos meus amigos skatistas na rua, fui criando o desejo de poder desfrutar daquela sensação que ficava estampada no rosto deles.

O skate era democrático e trazia um senso de pertencimento porque todo mundo podia praticar. Caras acima do peso, ou mais velhos, meninas, crianças e adultos. Talvez eu já soubesse que conhecer lugares novos, pessoas diferentes e aprender a lidar com a diversidade fosse parte do meu destino. Mas, antes, precisava convencer meu avô a abrir a carteira.

Como o japonês era duro na queda, eu ia de trocado em trocado, comprando uma parte do meu desejado skate.

Primeiro foram duas rodinhas, depois mais duas e, em seguida, os rolamentos. Até que ganhei um par de eixos de presente e consegui um shape usado de um amigo. Demorou exatamente um ano para conquistar meu skate.

Mas eu não tinha pressa. Se hoje sei que quem corre cansa e quem anda alcança, devo muito desse aprendizado ao ano que precisei esperar para conquistar e montar meu skate.

Se hoje você está com aquela sensação de que vai ser mais difícil conquistar o que deseja, lembre-se: eu demorei um ano para ter meu skate.

Na minha vida, meus melhores resultados foram com foco, objetivo definido e consistência. Eles podem ter chegado muito depois do que eu esperava, mas eu sabia que um dia chegariam. Isso porque, quando sabemos o que queremos e caminhamos naquela direção, não há nada que nos impeça de chegar.

Costumo dizer nos meus treinamentos que, quando os motivos são fortes, o "como" e o "quando" não importam. Durou um ano para que eu tivesse o skate, mas se durasse dois ou três, eu teria o skate de qualquer maneira. Por causa dessa demora em conquistar meu objetivo, aprendi o sabor de uma conquista.

É o mesmo que comparar *fast food* com a comida preparada pela sua avó. Você já deve ter comido em um restaurante de comida rápida. Todo mundo gosta, e é legal ter a fome saciada no momento em que você faz o pedido, mas existe uma diferença grande entre comprar *fast food* e ir ao mercado, selecionar os ingredientes, entrar na cozinha e se dedicar ao preparo do que vai saborear em seguida. A sensação diante de um prato comprado e daquele em que você mesmo colocou energia e tempo para preparar é completamente diferente.

Por isso, eu gostaria que você olhasse para sua vida e se perguntasse: será que esse tempo que demorou para você conseguir o que deseja não é um meio de fazer com que valorize o que tem e as suas próprias conquistas? Será que não estamos acostumados demais a viver numa era onde tudo está disponível com apenas um clique?

O fracasso tem um gosto amargo. Mas o gosto dele traz as proteínas da resiliência. É aquele amargo que nos faz dar valor para o que traz outro sabor. E tudo na vida é composto de contrastes.

Eu, que cresci sabendo que a rua onde eu morava demorou bastante tempo para ser asfaltada, sei que tudo que vale a pena leva tempo para ser construído.

Do dia que fiz minha primeira manobra ao dia que ganhei o primeiro campeonato, muitas águas rolaram. A primeira coisa que percebi foi que eu não era o mais talentoso dos skatistas, mas poderia ser o mais esforçado. Por isso eu treinava dia e noite, todos os dias, e aprendia a importância da consistência e do hábito de me dedicar aos treinos.

Embora eu fosse alucinado pelo esporte, ainda não tinha a menor ideia de como uma manobra arriscada poderia me prejudicar. Se hoje na vida sei que "tentar é preciso" para saber como cair e se levantar, naquela época eu ainda não tinha maturidade para tanto, mas tinha muita vontade de aprender. Quem me ensinou sobre quedas foi a escadaria do shopping Campo Grande, imponente e assustadora para qualquer iniciante.

Nos meus sonhos, tudo sairia perfeito: encarar aquela escadaria com o skate parecia possível. Só que na prática, logo na primeira tentativa, senti uma dor alucinante no tornozelo e percebi que estava machucado. Na verdade, eu mal conseguia colocar o pé no chão.

Enquanto a perna parecia explodir e latejava, me dirigi ao hospital, onde foi constatada minha primeira fratura. Com o pé imobilizado pelo gesso, me senti como um passarinho dentro da gaiola. Era uma espécie de frustração por não poder andar de skate, misturada à frenética vontade de voltar a encarar a mesma escadaria que tinha me derrubado.

Se a minha avó me trazia lições de paciência e resignação, em meu íntimo, meu coração implorava para que aquele acidente não me prejudicasse e eu voltasse a andar logo. Menos de dois meses depois do tal episódio, voltei até lá e fiz uma grande manobra na mesma escadaria que me seduzia e implorava que minhas rodinhas fizessem uma nova tentativa.

Insistente, eu sabia que, se não enfrentasse logo aquele desafio, ele poderia virar um belo fantasma, como acontece quando fugimos por medo das quedas.

Daquela paixão começou a vir o chamado para pequenas competições.

Eu me sentia valorizado pelo prestígio que as marcas traziam ao me apoiarem como profissional do skate, embora não ganhasse nenhum dinheiro. Não conseguia entender que valor e dinheiro eram palavras distintas para poder valorizar aqueles bons tempos de sucesso como skatista. Eu também achava, na época, que sucesso estava relacionado a dinheiro.

Aliás, você já parou para pensar em quantas vezes só valorizou algo quando te trouxe um retorno financeiro? Será que não está na hora de perceber que existe um ganho, mesmo quando não tem dinheiro envolvido?

Claro que eu não estou falando para você abrir mão dos resultados financeiros, muito pelo contrário: eu acredito que, quando passamos a valorizar e celebrar as conquistas, pequenas e grandes, mesmo que não estejam atreladas ao dinheiro, há uma energia contagiante.

Foi numa tarde, pouco depois do meu aniversário de 14 anos, que participei do primeiro campeonato. Eu tinha habilidade técnica para competir, mas não imaginava que, na hora H, ia ser derrotado pela minha falta de habilidade emocional em lidar com o nervoso e o medo de tudo dar errado.

Quando chamaram meu nome, me deu frio na barriga e comecei a tremer. Não tinha ideia de que erraria todas as manobras, até as mais fáceis.

Hoje sei ressignificar esse episódio e entendo que nosso fracasso é determinado, na maioria das vezes, por nossa falta de habilidade emocional.

Você sempre vai ficar com a perna tremendo e suar frio, mas tem que ir lá e fazer. Não tem como pular etapas. Mais do que habilidade técnica, precisamos desenvolver uma fortaleza mental que nos capacite a enfrentar os obstáculos que a vida traz.

No meu primeiro campeonato eu estava tenso e com tanto medo de errar que acabei errando. Quer saber de uma coisa? Hoje sei que a coisa de que o ser humano mais tem medo é de errar.

Por mais aterrorizante que a experiência possa ter sido, ela me ensinou que só conhecemos os obstáculos no dia que eles acontecem. Eu só consegui me dar bem num campeonato muitos meses depois, quando entrei em cena em minha segunda competição.

Dentre quarenta competidores, me destacaria como o número um. Ali, eu já sabia vencer as minhas emoções e talvez tenha sido esse o ingrediente do sucesso. Eu sei que você deve ter muito medo de errar, mas deixa eu te dizer uma coisa: você precisa errar para aprender. Todo aprendizado vem do erro.

Os caras competiam entre si e torciam uns pelos outros. O que era ainda melhor. Foi naquele dia que eu entendi a importância de torcer pelo outro, mesmo que eu não levasse a melhor. Também era importante saber que, embora existissem pessoas que competissem comigo, elas estavam torcendo por mim.

Se você olhar para sua vida, vai ver que os grupos com maiores chances de se contagiar positivamente são aqueles que se apoiam. E são esses os grupos que você deve ter sempre por perto.

Quando desci do pódio, percebi que estava encarando mais um medo: o de me apresentar em público. Era a primeira vez que eu não baixava o boné para não ser visto.

Eu era feito de carne, osso, mas também de curvas, desejos e vontades. Tinha sonhos, mas já via as fases e os ciclos. Assim, observava o movimento da vida, os giros e rodopios que traziam o equilíbrio.

Seguir adiante se tornou a força que me motivou por toda a vida, mesmo com quedas. Ali nascia a força de uma paixão para me mostrar do que eu seria capaz. Hoje eu digo: não é possível pular etapas na vida, é como andar: você só aprende ao dar alguns passos e cair. Ninguém começa a andar e sai correndo da noite para o dia. O que eu quero dizer agora é que você vai cair. Infinitas vezes.

Mas assim como não diria para um filho não andar, porque ele vai cair, eu digo a você: tente até conseguir.

Esse é o segredo da vida. Tentar até conseguir pode ser um bom caminho e talvez seja a coisa mais difícil que você fará. Pode ser que você não seja o melhor, mas tente até conseguir.

Você precisa parar de acreditar que é normal ser infeliz, ganhar pouco dinheiro ou fracassar. É comum, mas normal não é. Como diria Shakespeare, somos feitos do mesmo material dos sonhos, nascemos num Universo de infinitas possibilidades. Não confunda comum com normal. Pode ser comum um amigo seu cair e ficar estatelado no chão, pedir arrego e dizer que a vida foi injusta com ele, mas isso não é normal, não deve ser normal.

Talvez você caia, talvez tenha medo de se levantar de novo, mas entenda que o normal é você conquistar seus objetivos e encontrar lugar para todos os seus sonhos. Todos os grandes líderes um dia caíram ou não tiveram recursos, mas batalharam e levantaram com os recursos disponíveis naquele momento.

Existem líderes mundialmente conhecidos que vieram de situações de pobreza, de falta de recursos e de limitações físicas. Eles se tornaram grandes inspiradores pelo fato de terem se levantado APESAR DE.

Você deve se lembrar da história da judoca brasileira Rafaela Silva, campeã olímpica mundial, do dia épico em que ela ganhou a luta final, se jogou no chão e emocionou todos os brasileiros.

Quem sabia da trajetória daquela menina chorou com ela. Quatro anos antes, nas Olimpíadas de Londres, Rafaela chegou como favorita, mas foi eliminada nas oitavas de final da competição.

Abatida pela derrota, Rafaela entrou em depressão depois que começou a receber xingamentos de todos os tipos nas redes sociais. Uns diziam que ela era uma vergonha, outros que deveria parar de lutar. O fato é que ela encontrou força para juntar os cacos e dar a volta por cima. Começou

TODOS OS GRANDES LÍDERES UM DIA CAÍRAM OU NÃO TIVERAM RECURSOS, MAS BATALHARAM E LEVANTARAM COM OS RECURSOS DISPONÍVEIS NAQUELE MOMENTO.

a trabalhar o corpo e a mente, sem esquecer as lições que a derrota tinha trazido.

Quando venceu e conquistou a medalha de ouro, sua primeira entrevista trouxe uma faísca de esperança: "Não é a cor ou o dinheiro que faz você conquistar uma medalha. É só a vontade, a garra e a determinação".

Então, entenda que se cair, caia para frente. Pelo menos, você levanta na frente de onde estava. Cair cria músculos e, quando estiver com eles bem fortalecidos, você vai entender que cada queda trará experiências que o levarão para o próximo nível.

Todos nós aprendemos a andar sozinhos. No skate, a primeira coisa que aprendemos é o movimento básico de remar. Para aprender, tem que estar consciente de que é preciso treinar e saber a direção de onde se quer ir.

Talvez você já tenha ouvido a frase "se você não faz planos para sua vida, alguém o fará para você". Ao longo da minha trajetória, eu percebi algumas vezes que essa frase era a mais pura verdade. Se você não sabe agora o que quer daqui a um, dois ou cinco anos, acho bom dar uma pausa neste livro, pegar uma folha de papel e pensar na sua vida. Não tem como seguir em frente sem saber que direção tomar.

Tenho certeza de que, em algum momento da sua vida, você já esteve assim, totalmente sem direção. Costumo dizer que essa hora é um prato cheio para que as pessoas comecem a criar rumos para a sua vida. Pode ter certeza de que, atrás de toda pessoa que não sabe para onde ir, há outra pensando em alguma coisa para sugerir a ela.

Se você não souber o que quer para sua vida, algumas pessoas vão te trazer o que elas querem para a vida delas e, sem planos nem escolhas, a probabilidade é de que você embarque nos sonhos dos outros, sem nem saber por quê.

Não vejo nenhum problema em ser bem-intencionado e criar possibilidades para que as pessoas tenham um norte, mas, na maioria das vezes, quem traz a sugestão usa seu próprio filtro e não leva em consideração os sonhos, desejos e as vontades de quem está ouvindo os conselhos.

Foi com a minha família que descobri isso. Como eles não queriam me ver o tempo todo andando de skate, logo encontraram um jeito de me sugerir que eu arranjasse um emprego que me oferecesse estabilidade e segurança. Para eles, isso se traduzia em "emprego público".

Você já deve ter ouvido em alguma fase da sua vida que "ser funcionário público é garantia de segurança". Adivinha só quem caiu nessa? Pois é! Eu já tinha repetido duas vezes o terceiro ano do atual Ensino Médio. Talvez por isso, todo mundo lá de casa achava que, se eu continuasse naquele negócio de "skate", me tornaria um completo vagabundo.

É fácil desviar-se da sua rota. Dessa maneira, perdi a conexão com a minha paixão, que era o skate, e fui levado a crer que trabalho era algo bem diferente de prazer. Para minha família, não era necessário gostar do que se fazia, mas sim ganhar dinheiro no final do mês.

Foi assim que prestei meu primeiro concurso público, sem muita pretensão, mas com um ansioso corpo familiar torcendo para que eu tivesse um futuro estável. Esse futuro tinha nome: carteiro.

Para mim, que gostava de andar com roupas largas sobre um skate, foi um desafio enfiar uma roupa amarela e rodar a cidade entregando correspondências. Nesse período entendi que o julgamento começava dentro de nós mesmos.

Se hoje sei como o marketing de rede é visto muitas vezes com julgamento, também entendo que muitos nem começam no negócio com medo dos rótulos que podem vir a receber.

Acredite: não era fácil percorrer Campo Grande de bicicleta com sol a pino. Só que hoje eu tenho certeza de que a pior armadilha para o ser humano é reclamar do que tem que fazer. A reclamação é um dos piores vícios da humanidade.

Pode reparar, tudo que sempre começa com uma reclamação acaba virando uma bola de neve. No final das contas, você nem lembra direito o que estava te incomodando.

Dessa época, além das mordidas de cachorro que levei, lembro de algumas peculiaridades, como as cartas escritas à mão, feitas por crianças que acreditavam que elas chegariam ao Polo Norte, na casa do Papai Noel, e os cartões-postais que levavam sorrisos.

Por sorte, eu tentava olhar para a parte boa do meu trabalho. Não era fácil andar debaixo de chuva, mas aquilo me trazia um aprendizado, resiliência e foco no que precisava ser feito naquele momento, independentemente das condições externas.

Na prática eu não podia dar desculpas. Tinha que entregar cartas, fizesse chuva ou sol. Era assim que eu via que a vida não facilitava, mas era preciso caminhar, mesmo com condições adversas.

Se você fizer esse exercício hoje, tentando enumerar as coisas boas que seu trabalho pode te proporcionar, ao invés de focar apenas na parte ruim, talvez essa estratégia te ajude a criar bombas mentais que o levem a incorporar uma nova atitude no seu dia a dia.

É só parar para pensar: você acha que um carteiro que reclama do sol, da chuva, do inverno ou do percurso pode ser mais feliz do que outro que trabalha cheio de entusiasmo e acredita que naquele dia vai entregar alguma carta que fará a diferença na vida de alguém?

Deixando a parte "cheio de entusiasmo" de lado, claro que, sempre que eu saía de casa com esse espírito motivado, as coisas eram infinitamente melhores. Eu ainda não tinha nenhuma ideia do quanto a psicologia positiva explicaria isso anos depois, muito menos que eu poderia criar a minha própria realidade, conforme contam hoje os gurus da Física Quântica, mas tinha uma certeza: meu humor ficava bem melhor quando eu saía de bem com a vida para entregar cartas.

De salário em salário, guardei dinheiro para negociar meu primeiro carro: um fusquinha do meu tio que parcelei a perder de vista. Com meu fusquinha pelo menos eu chegava nos campeonatos de skate.

O tempo foi passando, e fui eu quem recebi uma carta que mudaria meu destino: o remetente era minha mãe. Ela estava morando em Salvador e me convidava para passar um tempo com ela. Acabei embarcando naquela aventura. Só que, para isso, eu pedi demissão em segredo. Para poder viajar, inventei para o pessoal lá de casa que eu estava em férias.

Viajar para Salvador e morar com minha mãe me trouxe uma nova cena do skate em pleno Pelourinho e belas histórias para contar. Uma delas é curiosa. Depois de dirigir uma noite inteira até Aracaju, emendar numa festa, e ir para um campeonato, cheguei à competição na hora que chamavam meu nome. Correndo e sem tempo de aquecer ou treinar as manobras, fiquei em décimo lugar.

Aquele seria o preço pela falta de comprometimento, um preço que eu não estava disposto a pagar nunca mais.

Dos ventos refrescantes do Nordeste, restou a lembrança – e a saudade de minha mãe, que permaneceu lá quando retornei para minha cidade natal.

Quando voltei para Campo Grande, uma outra carta me esperava: eu tinha passado em outro concurso, que prestara três anos antes, e havia sido chamado só naquele momento. Eu nem lembrava quando tinha plantado aquela semente, mas colhia o fruto maduro.

Comecei a trabalhar no Fórum pouco tempo depois. Inicialmente no protocolo, onde recebia as petições e correspondência. Entregava no cartório tudo que precisava ser entregue. Era como um carteiro, só que dentro do fórum. Eu tinha saído do correio, mas o correio não tinha saído de mim.

Talvez aquele já fosse um sinal de que um dia eu seria um mensageiro, ou de que seria um período em que eu aprenderia que eu não era tão importante quanto a mensagem.

Conforme o tempo passava, eu entendia que era necessário fazer algo em paralelo àquele trabalho. A primeira tentativa foi ser engenheiro ambiental.

Mas eu não queria estudar; queria ter meu negócio. Acordar cedo, pegar ônibus, trabalhar, estudar e voltar para casa para dormir, sem tempo de sonhar, me sufocava dia após dia. O pior é que nem sobrava dinheiro para sonhar com algo melhor aos finais de semana.

Os sonhos não tinham tempo de nascer entre a hora de dormir e de despertar. Eu lutava contra o cansaço, que me vencia.

Você já deve ter vivido isso na sua vida, quando percebe que as coisas estão tão ruins que não podem piorar. A única coisa que eu sabia era que queria deixar de ser empregado. Eu queria alavancar meu resultado através do meu próprio esforço, mas não sabia com o que nem como.

Talvez você esteja numa situação assim, ou já tenha vivido. É aquele momento em que você reconhece a dor, mas não sabe o que fazer para acabar com ela. É um momento importante, porque te faz ficar presente e vivê-lo. Não dá pra fazer curar a ferida nem fugir da dor. Tem que olhar para ela e decidir se quer fazer alguma coisa para resolvê-la.

Eu acredito que viradas só acontecem nos momentos de dor.

Já tinha percebido que o estilo de vida que meus avós pregavam, de "me contentar com o que tinha", não era compatível com a vida que eu queria ter. Se eles não cultivavam a ambição, eu começava a aprender que ambicionar algo era diferente de ser ganancioso.

Eu queria ter dinheiro não só para pagar as contas, e sentia que precisava ter domínio da minha vida. Sabia que não era normal viver para trabalhar até cair exausto na cama, sem ter qualquer resquício de felicidade ao longo do dia ou construir algo de que eu pudesse me orgulhar.

Quando você percebe que o tempo está passando e a sua vida está indo ladeira abaixo, a única coisa certa a fazer é tomar uma decisão ou pelo menos enxergar que aquilo pode te levar para o buraco.

Hoje vejo milhares de pessoas vivendo desse jeito, simplesmente conformadas com a realidade que vivem, ao invés de tentar mudá-la ou criar algo. Mesmo infelizes, continuam na mesma rotina durante anos e não percebem que estão a caminho do próprio funeral, enterrando os próprios sonhos.

Tem gente que nem consegue sonhar mais – chega a um ponto da vida em que estaciona, puxa o freio de mão e não sai nem com reza brava. Se você for um desses, é bom acordar logo antes que seja tarde.

Olhar para trás com a sensação de que a vida passou e fazer a mesma coisa que o deixava infeliz todos os dias deve ser pior que a morte. Aliás, é comum as pessoas, nos seus últimos dias de vida, se arrependerem dos passos que tiveram medo de dar e dos riscos que não correram.

Como sonhar novamente? Às vezes me pergunto isso e me dou conta de que a melhor forma seria se relembrássemos a infância. Não existe criança que não sonhe ou criança infeliz que questiona a realidade em que vive. O sonho nasce com a gente. Para mim, o que sempre resgatava os sonhos era quando eu lembrava daquele jovem garoto que gostava do vento batendo na cara quando andava de skate. Essa paixão me fazia despertar e entender que existia um coração vivo batendo dentro do peito, esperando pulsar novamente.

"Se há esperança no futuro, há poder e força no presente", diz Zig Ziglar, um dos meus autores favoritos. Isso significa que sempre devemos pagar o preço.

Assim, começava a me preparar para uma grande manobra na minha vida. Só que se desviar de um percurso em que você está percorrendo com aceleração constante não é assim tão fácil.

Compartilhava meus ideais com alguns amigos e me enfiava em alguns pequenos negócios. Então, conheci uma marca que tentava levar o universo do skate para as vitrines, mas não conseguia. Um cliente do detentor dessa marca falou meu nome: *"Cara, se você quer que o estilo da marca faça jus ao skate, chama o Shin"*.

Foi assim que cheguei à minha primeira empreitada relacionada ao skate e à moda. Junto com um grande amigo, Julio Prodigy, construía e desenhava peças de roupa ousadas e literalmente criava a moda que todo mundo veria nas ruas.

Dessa experiência veio a vontade de criar coisas que as pessoas ainda não tinham visto. Se hoje me chamam de disruptivo e inovador, "título que ainda vou explicar onde se originou", é porque desde sempre eu enxergava coisas que ainda não tinham entrado no gosto popular.

Andar de skate sempre me possibilitou ter um olhar mais preciso em relação a tudo. Esse olhar, que trazia segurança para transitar pelas ruas e pela vida, era fruto de reflexões que se faziam necessárias enquanto eu meditava sobre as rodinhas.

Mas não foi só desenhar roupas que deu certo na minha trajetória como skatista. Tive um amigo que morava em Cuiabá e montou uma loja de skate que ia muito bem, e ele sempre ia para São Paulo comprar muita coisa de um sujeito chamado Igor. Na época, Igor vendia CDs na Galeria do Rock, e em uma oportunidade, fui apresentado a ele e ficamos amigos.

Se hoje o Igor é o monstro das franquias de tênis estilosos, a Kings Snikers, na época ele se virava para dar conta de vender roupas, porque começava a surgir o Ipod.

Em pouco tempo, com o tino comercial do Igor e a minha vontade de me jogar em algo novo, abrimos uma loja em Campo Grande, que deu certo enquanto durou. Logo percebi que administrar pessoas era mais complexo do que administrar um negócio e que ser empregador era um pouco pior do que ser empregado.

Depois dessa aventura, comecei a perceber que eu tinha certa facilidade em me associar a pessoas e gerar confiança para que surgissem oportunidades. Se você está num momento da vida em que não sabe para onde correr e quer sair do lugar onde está, uma boa alternativa é olhar para o que tem facilidade de fazer. Se eu sabia me associar a pessoas e gerar confiança, já tinha algo em que me apoiar.

Era interessante começar a administrar um negócio tão desafiador. Batemos muito a cabeça e tivemos algum reconhecimento antes de resolver fechar as portas.

Em paralelo, quando estava competindo, as marcas Toys, Skate Shop e Skill já me viam como um nome forte no mercado e me apoiavam como atleta, oferecendo alguns produtos das marcas para que eu usasse e divulgasse. Mesmo sem ganhar dinheiro, eu ganhava produtos em troca de divulgação. Era dessa maneira que patrocinavam os eventos dos quais eu participava.

Nesse período eu não me dava conta de que ter paixão e experiência por uma mesma coisa era um grande diferencial. Eu nem cogitava dizer que tinha sucesso como skatista, mesmo que de vez em quando as pessoas me parassem na rua.

Certo dia, um menino atrevido viu minha turma andando de skate e me perguntou, todo malandro:

– Cara, vocês estão andando aí, que beleza... Também conheço a galera que anda. Conheço o Shin, vocês conhecem?

Todos nós sabíamos que ele estava falando de mim e esperaram pela minha reação.

– Cara, eu conheço ele, sim. Muito gente boa.

Ele ficou impressionado que eu conhecia o tal do Shin, que era famoso skatista da região, e saímos andando. Talvez eu ainda não entendesse que a minha paixão pelo skate tinha me levado até ali. Talvez eu não entendesse que ser reconhecido pelo que se faz com paixão é o maior reconhecimento que se pode ter. Ainda assim, no pódio, eu ficava de cabeça baixa, com a cara coberta pelo boné, quando meu nome era anunciado como vencedor nos campeonatos.

Foi aí que eu comecei a perceber que, depois de entrar no ramo de skate, andava muito menos com ele, mesmo que respirasse o assunto.

Em 2006, um ano depois daquela empreitada do skate shop, uma figura chamada Maria Eva surgiu na minha vida. De nome forte, a advogada entrou no Fórum onde eu ainda trabalhava – embora eu quisesse empreender ou fazer algo novo, não tinha coragem de largar o emprego público e perder a segurança da carteira assinada. Aquela mulher lançou uma ideia que emplacou na minha cabeça: queria me mostrar um negócio lucrativo que me daria liberdade. Embora eu nunca tivesse ouvido falar de marketing de rede e não fizesse a menor ideia do que aquilo queria dizer, achei que não custava nada escutá-la.

Sem muita expectativa ou pretensão, apareci na hora e no local combinados quando ela me apresentou o marketing de rede formalmente e falou sobre renda residual – que não dependia de tempo e esforço.

Curioso, fui a um evento que ela me propôs. Cheguei lá e fiquei espantado. A música alta fez com que eu me sentisse num show de rock; as pessoas batiam palmas como se estivessem numa igreja ou fossem adeptas de um clube de fanáticos.

Primeiro pensei que pudesse ser algum tipo de pegadinha. Olhei para cada um e perguntei a mim mesmo: "*Será que essas pessoas foram pagas para estar aqui e me enganar? Será que elas foram pagas para dar esses depoimentos e dizer que mudaram de vida com isso?*".

Comecei a pensar que não era possível que a Maria Eva pudesse ser capaz de fazer aquilo, afinal, ela era uma advogada! "*Advogados não mentem*", pensei.

Observava a feição de cada uma das pessoas que estavam ali envolvidas com os relatos sobre um novo estilo de vida e me vi perdido com uma informação que eu desconhecia. Incrédulo, comecei a me perguntar o que estava fazendo ali. Eu não sabia, mas meu padrão mental ainda não estava preparado para encarar aquele tipo de manobra.

Eu não sabia se queria saber mais daquilo que as pessoas compartilhavam ou se saía correndo para não entrar numa fria.

Eu sabia pular bancos de praça, descer corrimãos, deslizar pela vida, cair e me equilibrar. Mas não estava preparado para um giro que mudasse totalmente a direção da minha vida. Queria sair daquela vidinha medíocre e sem felicidade que eu tinha, mas não tinha coragem pra dar um passo importante.

Eu sabia que o medo de fazer uma manobra nova sempre me acompanharia, mas não imaginava que saltar de um lugar muito alto pudesse me fazer perder o equilíbrio. Eu estava confortável demais equilibrado dentro dos trilhos que guiavam a minha vida naquele momento.

Tentei tirar aquela emoção do coração e pensar com a cabeça. Quando voltei para casa, me imaginei andando de skate sem rumo. Entendi que precisava entrar num outro tipo de competição e que liberdade, segurança e independência podiam andar juntas no esporte, mas aquela realidade estava longe de acontecer na minha vida profissional. Eu precisava de um novo impulso.

O marketing de rede parecia ter sido a solução na vida de muitas pessoas, mas aquela seria a solução ideal para a minha vida? Eu conseguiria o que aquelas pessoas diziam ter conseguido? Valeria a pena largar a estabilidade da vida no Fórum para me aventurar em uma coisa que eu mal sabia explicar o que era? Na dúvida, voltei para casa com o coração cheio de esperança. Pelo menos já era alguma coisa.

Hoje sei que, quando encontramos um caminho e esse caminho desperta algo dentro de nós, talvez tenha chegado a hora de abandonar a velha estrada e começar a planejar a nova rota. Mesmo que os primeiros passos sejam dados depois de algum tempo, sempre é hora de começar a reavaliar a rota que estamos.

A Maria Eva tinha riscado um fósforo, e eu não queria deixar aquela chama apagar.

EU SABIA PULAR BANCOS DE PRAÇA, DESCER CORRIMÃOS, DESLIZAR PELA VIDA, CAIR E ME EQUILIBRAR. MAS NÃO ESTAVA PREPARADO PARA UM GIRO QUE MUDASSE TOTALMENTE A DIREÇÃO DA MINHA VIDA.

SWITCH STANCE

Andar de skate é mais que um esporte. Skate é estilo de vida, é liberdade e canal para expressar aquele sentimento mais puro que está dentro da alma.

Muitos de seus praticantes nem consideram o skate apenas um esporte. Skate é um misto de disciplina, cultura, diversão, beleza, suor e arte.

Alguns dizem que há um bocado de ciência para explicar cada manobra. Opiniões à parte, é um espetáculo bonito de ver e estudar.

Das muitas manobras do skate, há uma chamada *switch stance*, que não é nada fácil. Você deve estar se perguntando: "O que eu tenho a ver com isso?".

A resposta é: tudo.

Imagino que em algum momento da sua vida, assim como eu, você percebeu que existiam pessoas que faziam as coisas de um jeito completamente diferente do seu. Você até queria ter a vida delas, mas quando olhava a maneira como pensavam e agiam para chegar àquela conquista, já imaginava que fazer aquela manobra na sua vida seria como começar tudo do zero.

Foi assim que eu me senti quando fui convidado pela Maria Eva a fazer parte do marketing de rede. A impressão era de que as pessoas viviam outro tipo de vida – uma vida tão diferente da minha que eu não conseguiria sequer cogitar uma mudança de rota.

Eu era um cara que trabalhava num Fórum, e ela me apresentava uma oportunidade que parecia mostrar que eu jamais teria de me preocupar com salário, chefe ou empregados novamente. Eu via os olhos das pessoas que tinham independência financeira – e eles brilhavam. Via a expressão no rosto de quem tinha conquistado liberdade geográfica e entendia o quanto deveria ser libertador trabalhar *quando, como e onde* quisesse.

Achava aquilo incrível, mas não acreditava que pudesse ser para mim. Talvez porque eu tivesse trabalhado a vida toda de uma outra maneira ou porque tivesse aprendido uma outra maneira de viver.

O fato é que quem ouve desde pequeno que se conquista a estabilidade com trabalho árduo num concurso público não consegue apagar essa memória da noite para o dia como se fizesse um *reset* no computador.

Se eu quisesse acreditar naquela nova proposta e em todas as possibilidades que as pessoas ali pareciam oferecer, eu deveria reaprender a andar, literalmente. Eu precisava começar a viver, pensar e agir de um novo jeito.

Eu precisava de um *switch stance*, que não era uma manobra fácil. Os caras da velha guarda, como eu, sabem bem do que estou falando. Quando se começa a andar de skate, se aprende a executar as manobras de um lado. Assim, se coloca o pé de equilíbrio de um lado e se rema com o outro.

A minha base era o pé esquerdo de apoio na frente, enquanto eu remava com o direito. *Switch stance* é inverter a base, ou seja, é aprender com o pé direito na frente a mesma manobra que se executava com o pé esquerdo. Saber fazer tudo com um pé é como escrever com uma mão. Se você começar a escrever com a outra, certamente terá uma grande dificuldade. Você já deve ter até tentado fazer alguma coisa de um jeito completamente diferente do que fazia.

Assim como tudo na vida, o grau de dificuldade é maior quando você começa a fazer algo que não sabe. A mente dá um nó e a gente começa a acreditar que não dá para fazer de outro jeito. É como trabalhar durante muitos anos dentro do serviço público e de repente querer aprender a ser empreendedor.

No começo, a mente diz: "*Cara, continua fazendo o que você sabe e do jeito que está acostumado*", mas tem uma coisa lá dentro que faz a gente insistir.

Não sei se você já ouviu essa voz, mas ela fica martelando na cabeça de um jeito que não dá para ignorar. De repente você se vê tentando fazer algo de um jeito diferente, mesmo que durante toda a vida tenha seguido a mesma cartilha.

Quando fui dar um *switch stance*, eu já estava andando do mesmo lado fazia um bom tempo. Para ser mais específico, três anos. Na primeira vez em que troquei o pé da base parecia que nunca tinha andado de skate. A sensação era de que eu precisava aprender tudo do zero.

Você já sentiu isso, quando viu uma nova forma de fazer algo e se deu conta de que recomeçar podia ser uma boa ideia?

Foi assim que me senti quando me vi diante do marketing de rede. Era novo para mim estar num lugar onde as pessoas literalmente falavam outra língua. Depois que eu parei de estranhar tudo aquilo, entrei na fase de observar.

Confesso que julguei e por um tempo não consegui conter aquela empolgação toda. Aliás, aquilo nem parecia "trabalho". Talvez por isso eu tenha achado tudo tão diferente. No Fórum, sempre que entrava para trabalhar, por mais que eu estivesse de bom humor, o clima geral não era lá essas coisas. Às vezes era como se todo mundo estivesse pagando penitência ou em regime semiaberto.

A questão é que eu nunca tinha visto pessoas tão empolgadas com uma ideia. Eu ainda não entendia nada sobre colocar paixão e energia no trabalho, mas entendia que aquilo tinha alguma coisa fora do comum.

Eu já estava cansado demais do serviço público, tanto que decidi preencher um cadastro para dar início àquela nova jornada. Eu ainda não tinha ideia do que era marketing de rede, mas sabia três coisas: as pessoas estavam fazendo dinheiro com aquilo, trabalhavam de onde queriam e conquistavam coisas que eu nunca tinha imaginado conseguir com meu emprego.

Mesmo sabendo que eu queria mudar a direção da minha vida, imaginava que a primeira grande barreira seria a minha família. Você deve ter familiares que hoje ainda acreditam que ser funcionário público é um grande negócio. Naquela época ser concursado era equivalente a ganhar na loteria.

Então, imagine só dizer para alguém que você pensa em abrir mão daquela "estabilidade e segurança" que todo mundo enxerga como vital para a vida. Eu mal cheguei em casa e já fui desencorajado. Enquanto contava que participaria de um negócio novo, que parecia ser inovador e trazer uma série de oportunidades, minha tia me olhou desconfiada:

– O que você entendeu disso?

A verdade é que eu não tinha entendido nada. A única coisa que eu sabia era que queria levar a vida que aquelas pessoas tinham. Eu sentia o gosto da liberdade, da autonomia de tempo, do dinheiro para viajar para onde quisesses, sem ficar pensando em que conta pagaria primeiro.

Eu não precisaria de patrão, nem de empregado. Aliás, não sei se você já quis deixar de ser empregado para ser empregador, mas eu já tinha passado pelas duas experiências e podia dizer com propriedade que as duas eram difíceis.

Se você já teve um negócio próprio deve saber bem do que estou falando, já que administrar, planejar e fazer uma empresa caminhar não é exatamente a coisa mais fácil do mundo: pelo contrário, ter empregados é praticamente ter uma creche de adultos. Lidar com colaboradores era complexo e com apenas dois funcionários eu já conhecia a Justiça do Trabalho.

Além do mais, eu não tinha habilidade em administração e nenhum tino comercial, embora a vontade de crescer e prosperar naquele ramo fosse grande. Talvez você já tenha iniciado um negócio de sucesso, talvez já tenha quebrado. A realidade é que toda experiência traz um aprendizado, e o meu foi valorizar os tropeços e entender, principalmente, os erros que não poderia repetir.

Foi batendo a cabeça que eu entendi o funcionamento daquilo que eu só conhecia na teoria. Tem gente que se relaciona bem com a teoria e se torna um teórico. Cansei de encontrar essas pessoas no meu caminho: aquelas que acham que sabem o que fazer simplesmente porque leram em algum lugar. Mas vamos ser sinceros: a única coisa que nos leva a entender a vida é viver.

Ainda que você cometa erros é sua bagagem que te leva a trilhar novos caminhos.

Se naquele momento eu sabia que não queria ser empregado e que ser patrão não era lá grande coisa, eu tinha que entender qual o rumo que daria para a minha vida. Lá no fundo, eu queria era ser independente.

Minha mente funcionava de uma maneira surpreendente naquela época: eu ainda lutava com as crenças internas de que eu não precisava de muito para viver. Dentro de mim, quando via pessoas realizando sonhos, viajando, prósperas e felizes, sentia que precisava começar a gostar de ganhar dinheiro, antes de querer tê-lo nas mãos.

Eu gostava de dinheiro, mas não o suficiente para atraí-lo para a minha vida. Hoje percebo que achava que não merecia ou que aquela vida não era para mim. Por isso relutava. De um lado, queria a vida que aquele pessoal tinha. Do outro, me perguntava se tudo aquilo era mesmo verdade.

Eu digo que conhecer o marketing de rede foi um grande divisor de águas na minha vida. Não sei se você já esteve diante de um oceano azul, mas era como se existisse algo em abundância a ser explorado. Ao mesmo tempo, imagine só estar diante desse oceano e não saber nadar.

Pois era exatamente como eu me sentia. Enxergava oportunidades, mas não sabia fazer aquilo acontecer. Na época

EU GOSTAVA DE DINHEIRO, MAS NÃO O SUFICIENTE PARA ATRAÍ-LO PARA A MINHA VIDA.
HOJE PERCEBO QUE ACHAVA QUE NÃO MERECIA OU QUE AQUELA VIDA NÃO ERA PARA MIM.

eu não tinha como investir em produtos, comprar um kit e começar o negócio. Então, pedi emprestado para minha tia e abracei os produtos que tinha que vender.

Mesmo assim, eu não sabia como vender produtos e achava que ser vendedor era uma coisa chata. Não tinha a menor ideia de que aquele negócio não se tratava de venda. Tratava-se de se apaixonar pelos produtos que se vendia, usá-los e promover uma rede de pessoas que se apaixonassem por um novo estilo de vida.

Logo de início, investi no meu desenvolvimento pessoal. Sabia que existiam duas maneiras de entender como tudo funcionava: experimentar e ler sobre quem já tinha experimentado. Foi desse jeito que passei a devorar livros sobre tudo. Se eu conseguisse entender como as pessoas de sucesso pensavam, já era meio caminho andado para mudar a minha mentalidade.

Os livros me ajudavam a entender como pensavam os grandes homens e tinham seguido seus caminhos. Eu os seguia, tateava no escuro e absorvia o que era positivo para aplicar na minha vida. Os autores eram os mais diversos: de Dale Carnegie a Napolleon Hill. Também lia livros de autoajuda, programação neurolinguística e me aprofundava nos estudos de quem entendia o mapa mental da riqueza e percebia que existia um padrão por trás do sucesso.

Confesso que nas primeiras tentativas foi difícil. Aliás, bem mais do que eu imaginava. Tudo que eu queria era mudar de vida, mas eu era daqueles que andava com o freio de mão puxado.

Ao mesmo tempo que queria fazer uma grande mudança, não saía da zona de conforto que o Fórum proporcionava. Eu me dedicava ao marketing de rede como um complemento, já que eu dependia daquele dinheirinho que caía todo mês na conta e vinha do serviço público que eu detestava.

Você já deve ter sentido uma tremenda vontade de sair daquilo que suga sua energia, mas te falta uma coragem imensa de dar um passo. O medo de dar um passo maior que a perna me consumia, e eu não ia nem para um lado nem para o outro, já que queria pisar em segurança no novo negócio.

Na época eu trabalhava no Fórum meio período e, assim que saía, me jogava nas reuniões relacionadas ao marketing de rede.

Mesmo lendo sobre tudo, eu percebia que só teoria não adiantava, só com teoria nada mudava. Eu precisava de prática. Teoria na cabeça é ideia morta. Ação é que faz a vida mudar de verdade.

No Fórum, as coisas iam de mal a pior.

A energia que colocamos numa coisa que não temos tesão de fazer é tão destrutiva que contamina tudo. Primeiro ela destrói o ambiente, depois, a nossa força de vontade.

Sem perceber, eu colocava a culpa em tudo e não entendia que os resultados da minha vida vinham das minhas ações ou daquelas que eu não tinha coragem de realizar.

O Fórum me causava a sensação de sufocamento. Eu percebia que às vezes as paredes que me davam a sensação de proteção também me aprisionavam. Era estranho, mas real. A segurança que eu tanto procurava existia, mas ela me deixava ali, preso, sem imaginar que fora daquela zona de conforto havia uma vida muito melhor a ser explorada.

Aqui eu vou abrir um parêntese: não sou o tipo de cara que vai dizer para você largar tudo e se jogar em algo novo, mesmo porque eu não fiz isso. Precisei tatear muito até desapegar do salário que caía todo mês na conta. Além do mais, a quantia não era grande e eu nem sabia administrar o pouco que tinha.

Resumindo: minha vida financeira beirava o desastre. Em cinco dias eu torrava tudo, e em dez eu já tinha acabado com o limite do cheque especial e do cartão de crédito. Minhas contas nunca fechavam, e eu vivia à beira de um colapso nervoso. Quando o vencimento de um boleto se aproximava, eu rezava para conseguir pagar no cartão.

Mesmo com essa bola de neve, um dia resolvi levar a sério aquela mudança de rota. Eu sentia desconforto demais para aguentar numa boa, então passei a considerar o marketing de rede como meu trabalho principal, mesmo ainda trabalhando no Fórum.

Como funcionava? Para começar, entendi que eu fazia um esforço muito grande para realizar o sonho do meu chefe. Se eu fazia aquele esforço todo para realizar algo para outra pessoa, por que eu não dedicava esse mesmo esforço para realizar algo para mim?

Será que você já parou para pensar desse jeito? Será que você aplica nas coisas que te levarão para outro patamar a mesma energia e tempo que dedica ao trabalho monótono?

Não sei a sua resposta, mas para mim o clique partiu daí. Eu precisava agir e começar de algum lugar.

Precisava colocar energia naquilo que queria fazer e entender que não era só um passatempo. Se eu achava que o marketing de rede tinha algum futuro, tinha que fazer dele a minha atividade principal. Quando eu decidi isso mentalmente, tudo mudou. Eu passei a encarar meu trabalho como parte do meu dia e reservar minha melhor energia para ir às reuniões relacionadas ao marketing de rede, onde eu entendia o funcionamento de tudo, fazia negócios e começava a enxergar novas possibilidades para a minha vida.

É curioso que tudo sempre parte de uma decisão, e essa decisão impulsiona uma ação. Quando decidi que me dedicaria ao marketing de rede com mais energia, comecei a transformar as coisas dentro de mim. Dentro de mim, estava uma bagunça, e talvez você já tenha vivido essa desordem interna.

O fato é que não conseguimos observar as situações de outro ângulo, quando estamos na corda bamba, tentando sobreviver e entender por que a vida parece oferecer oportunidades incríveis para os outros, enquanto simplesmente tentamos equilibrar as contas.

Era óbvio que eu precisava mudar se quisesse resultados diferentes dos que estava colhendo. Einstein dizia que é loucura querer resultados diferentes fazendo as coisas do mesmo jeito.

Foi nesse período que eu descobri que a gente só colhe aquilo que planta. Não adianta você querer colher tomate, se cultiva arroz. É simples perceber que as atitudes impactam os resultados. É simples, mas não pense que foi fácil mudar.

Não sei se você já entrou ou pensa em entrar no marketing de rede. Nem sei se você considera uma coisa legal. Eu já estava no negócio, mas estava mais fora do que dentro, por isso, era uma chatice ouvir a insistência dos caras para que eu fosse até uma Convenção. Nesse período, dei dois passos para trás antes de engrenar de vez, e voltei para a faculdade.

Dessa vez, resolvi prestar vestibular para Direito. Até pensei em prestar um novo concurso. Por mais bizarro que possa parecer, foi só quando me distanciei da cena que percebi que estava completamente perdido.

Foi só depois de muita insistência do meu líder que acabei indo à Convenção. Foi quando fui tocado pelo coração. Justo eu, um cara totalmente racional, fui pego pela história de um casal que contou sua trajetória no palco.

Edmilson era um ex-frentista de posto de gasolina que vendia CDs piratas quando conheceu o marketing de rede; a esposa, auxiliar de enfermagem. Os dois estavam no marketing de rede fazia apenas três meses e ganhavam 7 mil reais por mês. Aquilo podia não ser muita coisa, mas já era mais do que eu ganhava no Fórum. Vale dizer que eu já estava havia três anos no mesmo negócio e nunca tinha ganhado mais de 1.500 reais por mês.

Nessa época eu já acreditava demais no marketing de rede, mas não estava comprometido com o negócio para colher resultados. Já estava descontente com a minha vida, fiquei pensativo. Não que o Edmilson fosse menor que eu, mas certamente tinha uma vida bem mais complicada e menos informações. Mesmo assim, estava ganhando três vezes mais. Foi aí que percebi que era possível mudar de vida. Se ele podia, eu também podia.

Percebi que precisava aplicar tudo aquilo que estava aprendendo e assimilando. Foi nesse dia que virei a chave.

Muito conteúdo sem ação não tinha grande valia naquele negócio. Na vida também não.

Nessa época eu vivia com todo tipo de livro debaixo do braço. Acredito que, para alterar a rota e começar a fazer algo que nunca fez, você precisa de um certo preparo mental.

Até duvidamos de que somos capazes e chegamos a pensar em desistir. Quando estamos dispostos a fazer um *switch stance*, é exatamente o que fazemos – alteramos a forma de fazer aquilo que já realizamos com maestria.

Foi na base da persistência que eu comecei a acreditar que podia. E, um dia, comecei a acreditar que merecia.

Acreditar que podemos e merecemos são momentos que deveríamos guardar para vida a toda. De tanto ver o sucesso dos outros, chega uma hora em que nos perguntamos: *"Quando vou realizar os meus sonhos?"*.

Então, no momento em que eu entendi que a vida era só um reflexo das ações, tomei uma decisão que gerou grande impacto em tudo: parei de reclamar.

Se antes eu colocava a culpa no governo, na situação econômica do país e nas pessoas, quando decidi mudar de vida, percebi que precisava me responsabilizar por ela.

Mas reclamar era um hábito. Reclamar era gostoso porque as pessoas me ouviam e concordavam. Algumas até tinham pena de mim. Já percebeu que quando a gente reclama, todo mundo escuta e também reclama? Pois é: essa é a mágica da reclamação – ela atrai uma porção de urubus na sua vida, e você nem se dá conta do estrago.

Quando passei a ficar em silêncio, sem julgar ou sugerir algo, e deixei de me colocar no papel de vítima, comecei a entender o significado da palavra "protagonista", tão usada nas novelas para definir o papel principal.

Se eu tenho a minha história e a valorizo, acredito que você também deve ter uma boa história para contar. Nossa vida não é um mar de rosas; pelo contrário, os desafios às vezes surgem de onde menos se espera. Mas já reparou que, ao olharmos para o nosso passado com gratidão, ganhamos um combustível extra que nos leva a acreditar na nossa força?

Até hoje, quando me apresento, gosto de ressaltar as minhas origens. Não tenho vergonha de onde nasci, da origem dos meus pais nem da minha infância. Foi através desse caminho que me tornei quem sou.

Por essas e outras, entendo que compreendemos que a vida segue a direção em que remamos, quando nos enxergamos como responsáveis pelo nosso destino, pelas nossas escolhas e consequências de cada uma de nossas manobras.

Cada pessoa pode controlar a própria reação diante de tudo que acontece ao seu redor. Se você acha que a vida não está do jeito que deseja e sente que pode melhorá-la, tente começar de novo. Quando eu digo isso, muita gente me fala: "*Mas, Elton, eu já sou velho para isso*".

É engraçado como nem essa desculpa cola mais. Depois que comecei a investigar a vida das pessoas que tinham sucesso, comecei a entender que muitos delas tinham começado a carreira bem depois dos 40 anos. Alguns só conseguiram colher frutos depois dos 50. A questão é que, quando encontraram aquilo que tinham tesão em fazer, essas pessoas mudaram a direção da vida delas. Hoje tenho o prazer de ter esses caras no meu convívio. Aliás, já viajei com muitos bilionários que pareciam ter caído inúmeras vezes antes de encontrar o jeito certo de fazer as coisas.

Quando me deparo com pessoas que não desistem da felicidade nem por um minuto, lembro de uma história do OG Mandino, um cara que se afastou da presidência de uma revista aos 52 anos de idade para se dedicar à carreira de escritor. Foi só depois de começar a escrever que ele encontrou a paixão pelas palavras de verdade e inspirou milhões de pessoas com seus *best-sellers*, que estão presentes em mais de 17 países.

Por que estou contando isso? Porque em um dos livros dele existe uma frase que me marcou muito. Ele diz: "Todos nós estamos agonizando, hora a hora, a partir do momento em que nascemos. Dito isso, deixe que todas as coisas sejam dimensionadas em sua própria perspectiva, a fim de que seus olhos se mantenham abertos e vejam que não passavam de formigueiros aquelas montanhas que o ameaçavam, e nada mais são do que mosquitos as feras que tentavam devorá-lo. Lembre-se de que é sempre mais tarde do que imagina. Imprima esse aviso bem no fundo de sua mente, não pela angústia que possa acarretar, mas para recordar a si mesmo de que hoje pode ser tudo o que lhe resta".

Saber que existem caminhos, e que eles podem ser percorridos a qualquer momento da vida, traz uma sensação de que sempre é tempo de recomeçar ou recalcular a rota.

Não existe "tarde demais", a menos que você esteja à beira da morte. Mesmo assim, é sempre tempo de investir em algo que nunca fez.

Aprender, reaprender, sonhar, se apaixonar. No skate aprendi a cair, levantar e tentar de novo. Esse ensinamento levo para a vida toda.

Não somos reféns das nossas escolhas, mas sim responsáveis por elas.

Pode ser que até agora você tenha passado a vida reclamando ou esteja numa direção que não te favorece. Talvez tenha acordado todas as manhãs e colocado a culpa em todo mundo, porque a sua vida não era do jeito que você queria.

Talvez você tenha vivido com uma grande frustração ou cheio de problemas, acreditado que existe uma multidão realizando sonhos, enquanto você dormia e só os imaginava na sua vida. Mas eu quero dizer que hoje é um dia bom para reverter isso. Foi o que aprendi quando resolvi andar de skate remando com o outro pé e vivi isso quando decidi que teria a vida que eu queria viver, sem encontrar culpados pela minha infelicidade ou dizer para todo mundo que a vida era injusta comigo.

Hoje, acordo a hora que quero e não na hora que o celular toca. Trabalho quanto tempo quero, no lugar que eu gosto, com as pessoas que eu gosto, no tempo que eu quiser. Acho que isso é o verdadeiro sucesso.

Não conquistei isso do dia para a noite. Tudo fez parte de um processo de aprendizado. Aprendi na teoria, antes de colocar tudo em prática. No dia em que decidi escrever este livro para compartilhar o que tinha, de fato, contribuído com o meu crescimento, eu sabia que ele podia ter a mesma força na sua vida que os livros que me inspiraram.

Sei que há momentos na vida em que a gente se sente sozinho e precisa tomar decisões que não são simples. Você sabe bem do que estou falando. De um lado, tem o coração que pede uma coisa; do outro, a mente racionaliza tudo e diz que é melhor ficar do jeito que está, porque está bom demais. Essa mente tenta proteger a gente, só que o coração fica ali gritando e pedindo mais.

Demorei muito para descobrir o que era propósito, missão e felicidade genuína. Eu me contentava com ter aquilo que a vida me oferecia, sem buscar o que merecia e queria.

Eu podia ter sido o típico cara que reclama que o mundo foi injusto com ele, que culpa as circunstâncias, a hereditariedade ou o ambiente. Até fiz isso durante certo tempo.

Mas quando nos identificamos com uma imagem de sucesso, damos uma nova identidade para nós mesmos. Quando eu saí daquela Convenção, com o sorriso daquele ex-frentista ainda vivo na minha memória, entendi que precisava quebrar o hábito da dúvida a respeito de mim mesmo e derrotar a síndrome de "coitadinho de mim".

Para mudar meu mundo eu precisava me identificar com uma imagem inspiradora. Quando eu observei as atitudes e o padrão mental das pessoas que conseguiam ser realizadoras, percebi a diferença. Aquelas que realizavam não criavam justificativas para sua falta de ação. Já as sabotadoras, buscavam culpados para sua inércia.

Você também deve ter um sabotador dentro de você. Esse sabotador não perde tempo e diz o tempo todo que você não merece ou não é capaz. Ele te convence disso.

Mas quer saber de uma coisa que percebi ao longo dos anos?

É cômodo falar para si mesmo que a culpa da vida que você tem não é sua e sim de outras pessoas. Só que, quando entendemos que ninguém pode transformar nossa vida a não ser nós mesmos, trazemos a responsabilidade para todos os resultados de nossas ações e cuidamos de cada uma delas, além de entendermos que pequenas escolhas podem trazer grandes consequências – positivas ou negativas em nossa trajetória.

O jeito que você escolhe viver agora fará a diferença no amanhã. É como acordar segunda-feira e querer começar uma dieta. A escolha do que você vai ingerir a cada refeição vai modificar seu padrão alimentar e seu corpo. Não é um detox de final de semana que fará você emagrecer. Tem muita gente que vive fazendo detox, emagrece alguns quilos e depois engorda o dobro.

Há pessoas que vivem assim na vida – se dedicam por alguns dias na mudança de padrão mental e até se convencem de que querem mudar de vida, mas só por alguns dias. Depois voltam a ser os pessimistas de sempre, reclamam de tudo, culpam todo mundo pela má sorte e não tomam a atitude que deveriam para ir adiante no projeto de suas vidas.

Costumo dizer que a maneira mais rápida de fazer seu negócio crescer é desenvolver a si mesmo. Daqui a cinco anos você estará bem próximo de ser a mesma pessoa que é hoje, exceto por duas coisas – os livros que leu e as pessoas de quem se aproximou.

Quando iniciei minha carreira no marketing de rede, não tinha acesso às pessoas cujos pensamentos eu queria entender, mas tinha acesso ao pensamento delas através dos livros. Essa foi a melhor estratégia para começar minha jornada.

Ao mesmo tempo, comecei a entender o conceito de gerar renda em tempo parcial e gastar em tempo integral. Não sei se você já se deu conta disso, mas você gasta o tempo todo e só ganha dinheiro quando produz.

Isso fazia de mim um completo dependente do meu emprego. Foi aí que entendi e assimilei os conceitos que fazem do marketing de rede o negócio que mais cresce no mundo: o poder da renda passiva, o poder da duplicação e a importância de ter um negócio escalável.

Os caras que estavam curtindo a vida viajando não estavam trabalhando o tempo todo. Pelo contrário: trabalhavam de maneira inteligente, e isso era uma sacada fenomenal.

Foi observando a rotina de pessoas de sucesso que eu entendi que a liderança é a força que constrói grandes negócios, mas o sucesso dependia do meu próprio esforço. Eu tinha demorado quatorze anos para perceber que empregado não realiza sonhos.

Mas, como todo mundo que começa num mercado novo, surgiu um certo preconceito inicial. A família, que sempre dava aquela força para eu continuar no serviço público, porque segundo eles trazia a estabilidade de uma vida tranquila, perguntava se eu tinha estudado tanto para vender batom.

Dessa forma, pouco a pouco, eu tinha que me encorajar sozinho. Só que nessa fase não foi fácil me livrar da vergonha. Dentro de mim ainda vivia aquele menino tímido de Campo Grande, que se retraía ainda mais quando precisava de dinheiro, e tinha vergonha de dizer para o amigo o que estava fazendo.

Nesse período, eu ligava para os amigos para convidá-los a fazer parte da minha rede e muitas vezes desligava antes mesmo que atendessem. Quem trabalha com marketing de rede sabe bem do que estou falando. Como é um negócio novo no Brasil, tem gente que tem vergonha de dizer o que está fazendo, porque tudo que é novo gera preconceito.

Então, eu racionalizava tudo, e contava para mim mesmo uma mentira para me convencer de algo que eu deveria ter feito e não fazia.

O começo, como em qualquer período de aprendizado, foi difícil. Precisava trabalhar de duas a três horas todas as noites porque sabia que, se eu quisesse chegar aonde aqueles caras tinham chegado, tinha que pagar o preço. Lembrava do resultado do frentista e começava a acompanhar o resultado de pessoas que tinham prosperidade financeira e autonomia de tempo. Eu entendia aonde eu queria chegar, só não sabia como.

Mesmo acordando mais cedo e dormindo mais tarde, eu comecei a entender que minhas expectativas de resultado eram altas, diferentes das que eu tinha no Fórum, e isso me motivava a sonhar e seguir adiante, apesar do cansaço.

Ao mesmo tempo, conforme eu ia me desenvolvendo como ser humano, percebia que os resultados melhoravam. Era como se eu não precisasse correr até o objetivo – o objetivo vinha até mim.

Então, inverti o jogo. Depois de dois anos eu já ganhava o triplo do que ganhava como analista judiciário. Foi só nesse momento que eu tomei coragem para sair do Fórum.

Comecei a trabalhar com energia no marketing de rede quando perdi a vergonha de falar para as pessoas o que eu estava fazendo. Foi nesse período que comecei a galgar os níveis, trabalhar os bônus e finalmente comprar o carro que eu queria.

No dia em que coloquei os pés na praia onde havia sido gravado o *Piratas do Caribe*, percebi que eu já tinha colocado a mão no ouro fazia muito tempo.

Colocar a mão no ouro era entender que, conforme expandia a minha consciência e tomava as rédeas da minha vida, as coisas se realizavam da maneira como eu sonhava.

Contar isso para você hoje num livro faz as coisas parecerem fáceis. Pode ter certeza de que não foram. O que quero te dizer é que demorei muito mais tempo para derrotar os monstros que viviam dentro de mim do que os de fora. Aliás, se eu parar para pensar, os monstros de fora foram criados pela minha mente.

Conforme caminhava numa nova direção, entendia que a ação espantava o medo e a consistência me dava fôlego para chegar aonde eu queria sem queimar a largada. Dia após dia eu encontrava o propósito para aquilo. Era no sorriso da minha filha, quando eu podia oferecer a ela algo que eu nem imaginava oferecer alguns anos antes. Ela se tornava o meu porquê e eu vivia um dia depois do outro, conservando paciência, focado no resultado que eu queria. Sabia que, com energia e paixão, eu chegaria lá.

Quando entrei no clube dos milionários, entendi que independentemente do valor que ganhamos, o importante é ter a perspectiva da realização. Minha vida tinha mudado quando parei de dar desculpas e comecei a dar o meu melhor. Quando parei de me fazer de coitado e entendi que responsabilidade é a válvula de controle da liberdade.

Eu aconselho você a pegar uma caneta e grifar esta frase: a responsabilidade é a válvula de controle da liberdade.

Se você se responsabilizar pelas suas ações, colherá os resultados. Mesmo que ninguém desbrave o caminho antes de você, terá a liberdade de desbravar seu caminho e terá mais opções.

Imagine que você está numa floresta fechada. Se você conduzir a caminhada, vai ser mais difícil, porque precisa cortar o mato e escolher o caminho. Muitos preferem que alguém os conduza e diga para onde devem ir, no entanto, se você escolheu abrir o caminho, é você quem escolhe para onde ir. Você tem a liberdade de desbravar o caminho que quiser.

A responsabilidade sempre será a válvula de controle da liberdade.

Superar a si mesmo é a grande manobra. Quando senti que tinha conseguido fazer aquela manobra na minha vida com sucesso, finalmente encontrei a resposta: eu já tinha o que eu precisava para ter sucesso e estava bem dentro de mim.

Se você não acredita nisso, veja esta história: muito antes de o Mickey ser criado, Walt Disney foi demitido do trabalho num jornal por "falta de imaginação".

Imaginação é o produto principal de Walt Disney. Então ele já tinha dentro de si o que precisava para ter sucesso. Desde sempre. Só conseguiu colocar seu talento para fora muito tempo depois, quando começou a criar animações para contos de fada com seu irmão.

Nessa época, ele só recebia o pagamento depois de seis meses que a distribuidora exibia os filmes. Foram tempos difíceis, em que ele reduziu as despesas para sobreviver. Mas o ilustrador não poupou esforços: morou no escritório, comeu comida de cachorro e tomou banho na estação de trem.

Só depois de fazer uma animação sobre higiene bucal para um dentista da região, Disney obteve dinheiro para ir a Hollywood, em 1923. Quando isso ocorreu, Disney já tinha um novo personagem em mente: Mickey Mouse. O sucesso obtido pelo camundongo tirou o ilustrador e seus sócios da miséria.

É sempre tempo de dar seu *switch stance* e mudar a direção da sua vida. Acredite!

IMAGINANDO A MANOBRA

No skate a imaginação é muito intensa e primordial. Olhamos para uma escada, uma borda, um corrimão e imaginamos as manobras sendo executadas. É na mente que executamos a manobra, antes de entrar em cena, assim como na vida. Nos negócios também funciona desta forma: sem visão, não saímos do lugar.

A própria ciência já comprovou que criamos o mundo que percebemos. Quando abrimos os olhos, não vemos o mundo, mas sim o que nosso equipamento sensorial e sistema de crenças nos permitem ver e aquilo que as nossas emoções desejam ver. Com isso quero dizer que a família em que você nasceu provavelmente te influenciou a pensar do jeito que pensa e as pessoas com quem você se relaciona também influenciam suas crenças.

Por isso às vezes duas pessoas enxergam uma mesma situação de maneira distinta. Dessa forma, nosso estado emocional afeta as percepções. Em outras palavras, quando você está bem, vê as coisas de um jeito; quando está mal, não consegue enxergar sequer uma saída para um problema simples.

Na sua vida talvez você já tenha se dado conta de que às vezes vive naquele mundinho fechado que não te leva a nada. Conversa sempre com as mesmas pessoas, se relaciona com as que pensam como você e não abre a mente para novas visões e perspectivas do mundo.

Minha família não conseguia enxergar a possibilidade real de ganho financeiro se eu entrasse no marketing de rede, o que enxergavam como "vender perfume". Se eu não tivesse sustentado a visão de que era possível chegar aonde eu pretendia, eu teria colhido os meus resultados?

Vemos apenas aquilo em que queremos acreditar. Talvez isso explique o caso, analisado criteriosamente por uma companhia de seguros, de uma província canadense.

Em Saskatchewan, os pilotos de aeronaves pequenas, quando tinham problemas com o motor, aterrissavam numa estrada. Depois da aterrisagem, os pilotos diminuíam a velocidade até parar e muitas vezes alguns carros colidiam com os aviões. Quando a polícia questionava como o acidente havia ocorrido, os motoristas simplesmente diziam que não tinham visto a aeronave.

A companhia de seguros descobriu que um motorista não esperava ver um avião numa estrada, por isso não o viam.

Você só enxerga o que sua mente define que pode existir.

Se não consegue enxergar sucesso na sua vida, esse sucesso não vai acontecer.

A verdade é que, quando você altera sua percepção das coisas, muda a visão e a transforma em realidade.

Vou dar um exemplo de como sua mente pode alterar seu estado. Imagine que você esteja com uma passagem aérea para Bali nas mãos, e que viajará para lá daqui a três meses. Só o fato de ter essa percepção do futuro já o deixa feliz agora, mesmo que a viagem seja daqui a três meses.

Costumo dizer nos treinamentos que seu passado, circunstância e ambiente não determinam seu futuro. A única coisa que determina seu futuro é o que você faz hoje.

Aliás, pare agora tudo que está fazendo e imagine que amanhã você estará no lugar dos seus sonhos. Fisiologicamente, seu corpo muda. A química do seu organismo passa a ter um funcionamento diferente.

Nosso padrão de pensamento é o que determina o padrão de comportamento. A ciência já comprovou isso. É só observar o hábito de grandes competidores de natação e mergulho, que treinam apenas visualizando a vitória em detalhes. Eles realmente ganhavam as competições quando faziam as visualizações, o que comprova o poder de uma visão. O cérebro não faz distinção do que vê e do que imagina.

A chave para expandir a visão é acreditar no universo infinito de possibilidades, assim como um skatista imagina a manobra perfeita só de olhar para uma borda.

Enfrentar uma barreira mental não é tão simples quanto parece, porque lidamos com nossos medos, limitações e crenças. Dói de verdade, mesmo sem sentir dor, porque enxergamos perigo onde não existe.

Quando entrei no marketing de rede, comecei a enxergar uma visão que não era a minha, mas acreditava e vivia aquilo. Conforme compartilhava minha visão com as pessoas que não acreditavam no modelo de negócio, era comum ser desencorajado, porque não conseguiam enxergar o que eu enxergava.

Um objetivo definido é o ponto de partida de todas as realizações.

No momento em que conseguir realizar uma visão, você começará a acreditar nela e sua fé ficará viva e pulsante. Eu, que tinha perdido a fé fazia muito tempo, conseguia enxergar uma perspectiva de futuro real e promissora.

O encontro com a melhor versão de si mesmo só é possível se você encontrar propósito verdadeiro no seu caminho.

Foi a partir daí que passei a falar do que faço com brilho nos olhos e ter resultados mais consistentes. Porque o fato de acreditar naquilo traz uma nova energia, um entusiasmo que conseguimos transmitir para o outro. É impossível ser um líder inspirador se você não consegue inspirar a si mesmo.

Aliás, é impossível transmitir algo que você não tem dentro de si. Se não for apaixonado pelo que faz, se não colocar uma energia nisso, como você acha que as pessoas vão se sentir quando contar a elas o que está fazendo?

Já imaginou se eu subisse ao palco sem motivação, sem tesão de falar sobre o negócio do qual faço parte? Ou se não acreditasse nas minhas próprias palavras?

Ao longo da vida conheci dezenas de pessoas que realizaram os mais diversos sonhos. A maioria delas falava sobre o poder da visualização. Uma delas, antes de conhecer o famoso Tony Robbins pessoalmente, disse que ficou dias visualizando aquela possibilidade de falar com ele antes de ir a um dos cursos dele. Na ocasião, outras 6 mil pessoas estariam no mesmo local, com a mesma vontade. Segundo essa pessoa, quando ela dizia que conversaria com Tony Robbins frente a frente, ninguém acreditava que seria possível.

O que diferenciava essa pessoa das outras 5.999 pessoas que estavam ali? O poder da visão. Enquanto a grande maioria achava que aquilo era apenas um sonho, aquela pessoa tinha certeza de que aquilo poderia ser real.

E é claro que aconteceu. De todas as pessoas da plateia, foi com aquela pessoa que Tony Robbins conversou no meio do treinamento. Acaso? Ela atribui o fenômeno ao poder da visualização.

Quando você acredita em algo, emana uma energia diferente, uma confiança.

Quando eu estou prestes a subir num palco, com 10, 20 e até 40 mil pessoas, como fiz na Convenção Internacional da Hinode, percebi que é esse Deus interior que me faz progredir. Esse entusiasmo brota quando a gente acredita no que faz, que é diferente de falar algo da boca para fora.

Já vi muitos palestrantes eufóricos, que pareciam entusiastas no palco, mas fora dele tinham picos de depressão. Quem não tem entusiasmo natural costuma confundir euforia com entusiasmo e busca em prazeres imediatos aquela sensação intensa que só algo interno pode preencher.

Entusiasmo natural vem de dentro e é contagiante; já a euforia é outra coisa. Ela pode trazer uma motivação instantânea e momentânea que não se sustenta.

Se criamos nossa realidade, como não deixar que os velhos padrões nos amarrem? Temos que observar os hábitos antigos a todo instante para não cair em armadilhas.

Não foi fácil me desprender dos velhos hábitos. Eu tinha medo do "e se?", o vilão que martelava na minha cabeça. Você já notou como sempre que quer mudar alguma coisa, algo te puxa para continuar como estava?

Fazemos isso o tempo todo. Em vez de usarmos nosso potencial de visualizar nosso futuro para criar coisas maravilhosas, nós o usamos para criar possibilidades terríveis que podem destruir os nossos sonhos. Pensamos que nada vai dar certo.

Tenho certeza de que você já usou a sua energia para criar os piores cenários possíveis, em vez de colocá-la a seu favor.

Todo ser humano pelo menos uma vez na vida já se pegou pensando *"e se não der certo?"* antes de começar alguma coisa. Eu mesmo, quando pedi licença do Fórum para me dedicar integralmente ao marketing de rede, acreditava que se não desse certo eu poderia voltar.

Uma das coisas mais básicas para todo mundo que deseja criar uma visão é fazer o quadro dos sonhos. Há pessoas que colocam as contas a pagar na porta da geladeira, eu prefiro prender as fotografias dos lugares onde quero estar.

Só que não basta acordar todos os dias, olhar para a foto e sonhar. Além do sonho, é preciso ter meta e planejamento, e um bom planejamento pede ação.

Portanto, sonhar grande é essencial quando começamos a entender que podemos literalmente ter tudo aquilo que desejamos. É aí que definimos as regras do jogo, que são os valores com os quais queremos trabalhar.

Se você realmente quer ter sucesso, precisa estar disposto a agir. Eu entendi isso assim que percebi que as pessoas de sucesso não eram especiais – elas eram pessoas comuns que agiam e pensavam de maneira diferente. Em comum, todas elas tinham paixão. Elas enxergavam o trabalho como uma arte.

Hoje eu entendo que, sem paixão, não dá para dormir mais tarde e acordar mais cedo. À medida que colocamos paixão no negócio, investimos nossa energia e nos envolvemos com ele.

A atitude de quem sabia criar uma boa visão de futuro também era absolutamente positiva. A atitude mental positiva leva você a acreditar que é capaz de chegar aonde quer. Quando falamos que somos mestres do nosso destino, estamos dizendo que nossas atitudes moldam nosso futuro.

Pessoas de visão não veem a adversidade como impedimento para o caminho. Elas não deixam a adversidade destruir o caminho justamente porque não esperam que a sorte esteja a favor delas.

Pessoas de visão enfrentam a vida e olham para os acontecimentos que parecem impedi-la de prosseguir e entendem que cada fracasso é um passo em direção ao sucesso e que cada queda é um aprendizado.

Ter ambição, viver na indecisão e procrastinar, em vez de agir, é uma fórmula certa para o fracasso. Quando eu falo sobre atitude mental positiva, eu estou dizendo para observar a vida com olhos de quem está com sede de mudança e fome de aprendizado.

Você já deve ter acordado um dia com a sensação de ter fracassado, mas também deve conhecer aquela vontade de gritar para o mundo que merecia e podia ser feliz e ter sucesso.

Agir com determinação é o que afasta o medo de fracassar, e a confiança chega quando você acredita naquilo que sonha, quando você confia na sua visão.

Mesmo que tenha cometido erros estúpidos durante toda a sua vida, acredite que colocar energia naquilo em que acredita é o que construirá seu futuro.

Quando esse conjunto de coisas estão presentes, fica muito mais fácil traçar uma estratégia para chegar ao lugar do seu quadro dos sonhos. Não adianta só ter paixão e acreditar, sem plano de ação nada se realiza.

Costumo dizer que, se você vê um cara de visão agindo como um louco, pode ter certeza – ser louco faz parte da estratégia dele.

As pessoas de visão conhecem muito bem seus valores e norteiam a vida e decisões baseadas nesses princípios.

Gosto de uma frase de Jim Rohn, que sempre repito nas minhas palestras: "O sucesso é algo que você atrai pela pessoa que você se torna".

Mas nem sempre foi assim. Nem sempre consegui visualizar o que eu queria na minha vida, sem enxergar os impedimentos no meio do caminho.

Nessas horas geralmente deixamos o medo nos invadir e comparamos nossa vida com a dos outros. Comparamos nosso bastidor com o palco do vizinho.

Eu nunca escondi minhas dores, nem minhas feridas. Desde o primeiro dia em que resolvi subir no palco, decidi que ser íntegro e honesto faria as minhas palavras serem verdadeiras. Por isso, logo de cara a conexão foi forte, já que as pessoas que me assistiam sabiam que eu nunca floreei nada para que parecesse ser o que não era.

O momento de virada, no qual a gente decide que quer viver aquilo que sonha, é o que nos abastece a ir adiante. O meu lado skatista, que dizia que eu precisava viajar o mundo, andar de skate em todo lugar, que o mundo era para ser vivido, não conseguia conviver com aquela pessoa tranquila e pouco ambiciosa que eu tinha sido.

Você deve ter dentro de você duas vozes indicando direções completamente diferentes. Uma é a da visão em que você quer acreditar e a outra da realidade que você pretende mudar. Para entender qual é o melhor caminho, precisa acalmar a mente e escutar o coração. Meu coração dizia que eu podia ir mais longe.

Ter ambição é vital para sair do lugar. Ambição é o caminho que te leva até o sucesso. Persistência é o veículo que vai

TER AMBIÇÃO É VITAL PARA SAIR DO LUGAR. AMBIÇÃO É O CAMINHO QUE TE LEVA ATÉ O SUCESSO. PERSISTÊNCIA É O VEÍCULO QUE VAI TE LEVAR ATÉ LÁ.

te levar até lá. Essa frase é atribuída a um bem-sucedido jogador de futebol, chamado Bill Eardley.

Dinheiro é uma ferramenta necessária, mas não pode ser o "porquê". Se a gente colocar como objetivo apenas ter mais dinheiro, não existirá um motivo forte para levantar da cama e realizar tudo que pode ser realizado. Não existe um motivo forte para despertar seu poder interior.

Munido de tudo que tinha para tirar a visão do papel e realizar aquilo que eu queria, fui atrás de informações. Costumo dizer que, quanto mais informações temos, melhores as decisões que tomamos.

É só parar e pensar – você pularia de um avião sem paraquedas? Claro que sua resposta deve ter sido "não". Mas se eu te disser que o avião está parado, a coisa não muda de figura? Pois bem: para conseguirmos tomar decisões assertivas, precisamos de informações.

Se você sabe aonde quer chegar e o que quer conquistar, já é um grande passo. Reveja todas as crenças que te limitam, como aquelas relacionadas ao dinheiro que realmente te impedem de ganhá-lo. Muita gente diz que o dinheiro muda as pessoas.

Eu acho que o dinheiro não muda as pessoas. Ele potencializa e amplifica aquilo que ela já é. Se você é uma pessoa boa, com dinheiro, vai ser melhor. Se você é mau, com dinheiro vai ser pior. Se você assalta com canivete, com dinheiro você assalta de pistola. Se você toma cachaça, com dinheiro toma uísque escocês de 21 anos.

Mudou a pessoa? Não. Você precisa entender isso. Tem gente que acha que vai resolver a vida ganhando mais dinheiro e mira a visão nas cifras.

Quando eu decidi pagar o preço de desenvolver uma mentalidade para alcançar o que minha visão enxergava, eu comecei a entender o que eu queria.

Olhava as pessoas que estavam onde eu gostaria de estar e percebia o hábito de cada uma delas. É impressionante como as desculpas sempre brotam na nossa mente para sabotar nosso sonho, por isso costumo repetir o jargão: "Quem quer arruma um jeito; quem não quer arruma uma desculpa". Ou você tem um milhão de reais ou você dá um milhão de desculpas, mas nunca vai ter as duas coisas. Porque aquele que é bom em dar desculpas só é bom nisso.

Pra alcançar a sua visão, você precisa de disciplina. Você precisa muitas vezes andar pelos trilhos da responsabilidade e da disciplina para chegar aonde quer.

O que mais atrapalha a disciplina é a procrastinação. Existe um ciclo da procrastinação, em que você diz "mais tarde eu faço", mas não faz nunca. É isso o que mais te impede de desenvolver disciplina.

Jim Rohn, o pai da indústria do desenvolvimento pessoal, diz que "a disciplina nada mais é que a ponte entre as metas e as realizações". Se é uma ponte, você precisa atravessá-la, e atravessar é uma ação.

Então, de nada adianta ter uma visão extraordinária e ficar de braços cruzados esperando o mar se abrir diante dos olhos.

Semeie uma ação e colherá um hábito. Semeie um hábito e colherá um caráter. Semeie um caráter e colherá um destino.

Se você duvida do poder de uma visão, é porque não conhece a história de Nelson Mandela. Ele provou que um verdadeiro líder deve falar de modo responsável e costumava repetir que liderança exige constância e uma visão generosa do futuro.

Mandela aceitou ser presidente em 1994 contra a sua vontade. Tinha 76 anos e se achava velho para isso. Aceitou, porque acreditava no poder de uma disciplina e, apesar de ser um homem voltado para o futuro, não perdia sua coragem ancestral nem rejeitava sua origem.

A vida de Nelson Mandela representou mais do que uma luta abnegada pela justiça na África do Sul. Seus discursos implacáveis e sua coragem inspiram até hoje.

Foi através desses discursos que ele ofereceu grandes lições. Ele dizia que visão era apenas um passatempo, mas visão com ação poderia mudar o mundo. Ele também era fervoroso apaixonado para que todas as pessoas explorassem o próprio potencial e dizia que não há paixão em jogar pequeno, se contentando com uma vida que é menos do que você é capaz de viver.

Sua grande frase, que se tornou uma das minhas preferidas, é: *Tudo sempre parece impossível até que seja feito.*

Mandela e outros líderes nos provaram que, quando você acredita na sua visão, o resultado pode ser absolutamente inesperado.

5

MEDO DE SE MACHUCAR

Era a primeira vez que eu faria uma manobra daquele tipo. Eu estava sozinho diante da rampa e observava o formato dela.

Louco para me atirar na rampa, era a primeira vez que eu sentia medo de uma manobra. Mesmo que eu imaginasse aquela manobra na minha mente sendo executada perfeitamente, quando eu colocava o pé no skate, arregava.

Na vida acontece o mesmo: antes de tentar algo novo, sempre surge aquela pressão interna que nos impede de ir adiante. Como se dissesse para tomarmos cuidado, já que o tombo pode ser grande.

Às vezes eu me pergunto: será que a gente tem medo de cair ou tem medo de finalmente realizar aquilo que deseja? Lembro que numa noite, quando eu ainda trabalhava no Fórum, cheguei em casa e pensei:

"Elton, o que te impede?"

Eu me perguntava o que me impedia de ser quem eu queria ser e fazer o que eu queria na minha vida. Eu sabia que eu não estava no trabalho que queria, nem morava no lugar de que gostaria, nem tinha a vida que sonhava.

Naquele dia, quando encarei as limitações, percebi que a única coisa que me impedia era eu mesmo. Quando entendi isso, tudo mudou.

Essa constatação foi o começo de toda mudança. Para não ter medo eu precisava confiar, colocar de lado todos os mecanismos de defesa, toda a minha armadura.

Na nossa sociedade, somos ensinados a confiar nos outros. Na Igreja, no Estado, em Deus. Uma pessoa que confia em si mesma não é escrava de nada nem ninguém, uma pessoa confiante é independente e trilha seu próprio caminho, sem ser conduzida pelos outros.

Uma pessoa que se liberta do medo e confia em si vive em liberdade e sempre está pronta para arriscar tudo. Ela não é um robô programado para dizer sim nem não. Essa pessoa é imprevisível.

A sociedade não gosta de pessoas que não podem ser controladas ou independentes de algo ou alguém. Então, quando sentimos medo, a primeira coisa que ouvimos das pessoas que nos rodeiam é "não arrisque".

Buscamos a permissão dos outros para fazer o que queremos e sabotamos todo o potencial que existe dentro de nós.

Toda vez que deixamos o medo entrar e a confiança sair envenenamos a nós mesmos.

Desde crianças, aprendemos a ser obedientes e agradar aos outros e deixamos de confiar em nós mesmos. Acreditamos que não temos capacidade de tomar decisões sozinhos, nem de analisar riscos.

Conheço muita gente que passa a vida toda numa profunda desgraça. Quando se vive uma vida assim, pode-se até ter dinheiro ou fama, mas a vida é uma tristeza.

Você já deve ter ouvido aquela frase "Conheci um homem tão pobre que só tinha dinheiro". Eu me refiro às pessoas que até conseguem construir um patrimônio, mas não vivem a vida que sonhavam. São aqueles empresários que abrem mão do tempo com a família para participar de reuniões intermináveis e andam sem brilho nos olhos. Ou aquelas pessoas que não medem esforços para acumular riquezas, mas não têm uma pessoa para quem ligar para uma conversa de verdade. Já vi gente que acha que pode comprar até relacionamento (e pode ter certeza de que às vezes ter dinheiro é uma grande armadilha, porque a gente nunca sabe quem gosta da gente de verdade). Mas de uma coisa você pode ter certeza: quando você se envolve numa vida de sucesso, o resultado não é apenas o dinheiro; o resultado é uma vida melhor em todos os níveis.

Mas o que isso tem a ver com medo de se machucar?

Quando começamos a viver a vida que desejamos, tudo muda. O mais difícil, no entanto, é confiar nas próprias decisões à medida que tomamos as rédeas e decidimos por nós. Somos responsáveis pelo resultado de cada ação, e talvez por isso tanta gente prefira ser mandada.

Quando não fazemos o que queremos por medo e somos controlados e manobrados, nos achamos no direito de procurar culpados pela nossa própria desgraça.

Não é à toa que as pessoas culpam o governo, a política, a economia e preferem passar a vida apontando o dedo, em vez de tomar a decisão de encarar o medo e dar conta da manobra da própria vida.

No marketing de rede, existem muitos profissionais que se apoiam nos patrocinadores e não buscam seus caminhos.

Costumo dizer que eu posso trocar a fralda de qualquer um, mas quando eu troco a fralda de uma pessoa, ela tem que crescer no meu tempo e esperar a minha disponibilidade.

A segurança nos prende e nos aprisiona num estado em que podemos passar o resto da vida sem correr riscos. Assim, nascem a tensão, a angústia e a ansiedade, que não vão embora enquanto não tomamos uma decisão.

Quando eu digo que você deve pagar o preço, deve saber que pode ser que caia, pode ser que se machuque, mas que isso faz parte do processo de aprendizado. As experiências precisam ser vividas para que você aprenda.

Você deve ter o seu medo e suas vulnerabilidades. Imagino que já tenha caído tanto que, quando se vê em situações difíceis, queira se proteger de tudo para que nada de mal lhe aconteça.

Sabe aquele momento em que você deixa de confiar em tudo e cria camadas e camadas de insegurança e vive num constante pesadelo, como se tudo fosse uma ameaça?

Se você é o tipo de pessoa que molha o pé na água para sentir se está gelada, em vez de mergulhar de cabeça, reavalie se a sua vida está trazendo as sensações e descobertas que você merece ter.

Conheço muita gente com medo da vida e que não faz nada. O medo de arriscar trava. Você deve conhecer pessoas assim. Elas até têm vontade de viver um sonho, mas parecem amarradas com medo de que aquilo não dê certo.

Deixamos de viver quando estamos com medo da vida.

Uma vez ouvi uma antiga história do Oriente que falava sobre dois mendigos que viviam numa aldeia. Um era cego e o outro não tinha pernas. Eles estavam sempre brigando e disputando as esmolas.

Até que um dia o lugar pegou fogo. A única alternativa para que eles fugissem era que o homem sem pernas subisse nas costas do cego.

"Use minhas pernas e eu vou usar seus olhos", disse o cego. Sabiam que só conseguiriam se salvar dessa maneira.

Essa fábula oriental conta sobre intelecto e coração. O intelecto sozinho é cego. Ele pode ser rápido e correr, mas não sabe escolher o melhor caminho. Se deixarmos ele sozinho, pode ser que ele viva tropeçando, caindo e achando tudo sem sentido.

O coração vê, mas não pode correr e espera sempre que o intelecto use seus olhos para poder encontrar a direção certa.

Quando nos transformamos e unimos os dois, a dúvida e o medo se transformam em certeza, e então conseguimos dar os passos certos na direção da confiança. Usar o intelecto e o coração é inteligência.

Como diz meu amigo Anderson Cavalcante em seu livro *O que realmente importa*, temos que começar a pensar com o coração e sentir com a cabeça.

Hoje toda vez que eu estou no meio do fogo cruzado, pensando no que devo fazer, tento me lembrar dessa fábula oriental. Observo que, se estou dividido, é porque não estou

BUSCAMOS A PERMISSÃO DOS OUTROS PARA FAZER O QUE QUEREMOS E SABOTAMOS TODO O POTENCIAL QUE EXISTE DENTRO DE NÓS.

deixando meu coração guiar meu intelecto. Se estou angustiado, é porque estou cego, caminhando sem rumo e sem saber para onde estou indo.

Estamos sempre em busca de segurança e proteção, mas veja só que ironia: a vida flui, e dizem que nunca podemos atravessar duas vezes o mesmo rio.

No momento que em pisamos nas águas do rio pela segunda vez, muita água já correu. Então, muita gente vive de planejamento e não executa nada. Espera que o rio seja o mesmo quando entrar nele, mas ele vai ser diferente, porque o passado não se repete, e amanhã o rio pode estar seco ou mais cheio, mas não estará como hoje.

A segurança só existe no cemitério, porque os mortos não correm riscos.

Achamos que nos proteger da vida nos trará segurança, mas isso nos entorpece. É só observar o comportamento de um pássaro em pleno voo e outro na gaiola. Sem céu, não há liberdade, mas ele não tem preocupações. Sabe que não pode ser atacado e que nenhum predador acabará com sua vida. E, principalmente, que será alimentado todos os dias.

Quando eu dependia do dinheirinho que caía na minha conta todo mês, eu era como um pássaro na gaiola com medo de sair. A porta da gaiola estava aberta, mas eu tinha medo de alçar voo. Não sabia se conseguiria viver com tanta liberdade, porque ela implicava ser responsável por mim mesmo.

Ninguém mais trocaria a minha fralda. O mundo real é desafiador, e é essa sua beleza. Eu me lembro da época em comecei a participar de campeonatos e existiam dois tipos de skatista: os campeonateiros e os streeteiros.

Os campeonateiros iam para fazer o que tinha que ser feito. Não tinham sequer uma dose de ousadia. Era só o básico, sem qualquer resquício de arte. Eles chegavam, davam uma manobra média e fácil, com um grau de dificuldade médio, e não se arriscavam a sair da linha.

Os campeonateiros faziam o feijão com arroz, não se arriscavam, pois o foco era somente o pódio.

O streeteiro estava no campeonato pela evolução da arte. Não estava focado apenas no resultado, mas sim no desafio pessoal. Ao evoluir tecnicamente, ele travava um desafio consigo para elevar a arte do skate como um todo.

Por isso, quando eu chegava no campeonato, já dava para notar quem era de rua e quem era *showman*. O campeonateiro treinava a manobra dele exaustivamente. O streeteiro fazia a manobra, mas se jogava em improvisos. Isso fazia de mim um streeteiro. Quando eu entrava na pista, era *all in* – se acertasse, eu tinha a pontuação máxima e ganhava o campeonato; se errasse, dançava feio.

Arriscar era sempre uma opção perigosa.

Mas que graça teria a vida se não tentássemos manobras de improviso? Quão grandiosa seria nossa existência se fizéssemos tudo exatamente do jeitinho que todo mundo espera que seja feito?

Hoje vejo, em todos os tipos de negócio, os campeonateiros e os streeteiros. Os campeonateiros são os caras que tecnicamente sabem tudo, mas não inventam nada. Eles seguem à risca o que acham certo e conseguem ter os bons resultados, sem aquela dose de ousadia.

Quem é streeteiro vive a vida correndo riscos. Mesmo que possam colocar tudo a perder, tentam novas manobras pelo simples gostinho de saber que arriscaram.

Todo mundo aqui vai ter um bom túmulo com um grande epitáfio em letras bonitas. Mas o que vai estar escrito nele? Vivemos a vida toda sem muita rebeldia e morremos lentamente. Tudo isso porque temos medo de cair e nos machucar.

Já caí muito e digo para você: cair faz parte. Como skatista, já quebrei o tornozelo quatro vezes. Como empresário, também já dei muito tiro no pé.

Só que eu só consigo entender o que funciona e o que não funciona depois de experimentar. Enquanto eu ficava ali, pensando na manobra, sem ter coragem de arriscar, nada acontecia.

Segundo o filósofo alemão Friedrich Nietzsche, só existe um jeito de viver: perigosamente.

O paradoxo é que depois que tomamos coragem de viver na insegurança, ela desaparece da vida. Tudo que existe em sua vida hoje pode não existir amanhã. Não há segurança nenhuma na vida.

A questão é que as pessoas precisam fazer essas escolhas por si mesmas. A maioria fica feliz com a vida como ela é, com um emprego e televisão. É uma espécie de hipnose coletiva que nos faz acreditar que isso é uma vida normal.

Quem quer algo mais, começa a buscar conhecimento e aplicar no dia a dia, mas para cada um isso leva um tempo. Esse tempo pode ser cinco minutos ou a vida toda. Não importa.

Eu, que levei um ano para montar um skate, não poderia esperar dez anos para ficar milionário?

A vida é uma corrida, mas não é de velocidade. É uma maratona. Só que as pessoas se preparam para corrida de velocidade e não dá para usar o treinamento de atleta de velocidade como o Bolt num maratona. São treinamentos diferentes para cada caso.

Por que as pessoas começam a correr? Às vezes para ter resultado, para perder peso, para ter melhora na saúde. Para ter mais energia e disposição ou ter algum tipo de resultado, como no meu negócio.

Sempre comparo o marketing de rede a uma maratona. Tem gente que decide correr para ver se funciona. Eu comparo os grandes eventos e as convenções à largada de uma maratona. Há uma euforia coletiva, e todo mundo sai motivado feito louco da convenção.

A maioria corre os primeiros 5 e 10 quilômetros. Qualquer pessoa consegue correr os primeiros 5 ou 10 quilômetros. A partir dessa distância, você começa a ver as pessoas ficando para trás e deixando de levar a sério. São as que não se prepararam e não passam do 10º quilômetro.

Do quilômetro 10 ao 21 só percorrem as pessoas que se prepararam e fizeram um planejamento perfeito, só aquelas que sabem o tempo de cada quilômetro a ser percorrido. Elas procuram metas e as atingem.

A vontade de se preparar tem que ser mais forte que a vontade de vencer.

Muita gente, quando correu 21 quilômetros, ou seja, a metade do percurso, acha que já alcançou a meta e não tem muita necessidade de continuar. Tem gente que chega ali e acha que atingiu a meta, mas é apenas o meio do caminho. O grande perigo é chegar ali e acreditar que se cumpriu a meta.

Do quilômetro 21 ao 30 é o momento em que acontece algo incrível. Parece que surge uma parede, um obstáculo intransponível. Seu corpo não aguenta mais. A dor está no máximo. Você só consegue sentir dor, sofrimento e esgotamento.

Se não conseguir preparar sua mente, nunca romperá esse obstáculo. E a única coisa que faz você continuar e romper esse obstáculo é o sonho.

Somente um sonho faz você romper o obstáculo ou destruir o medo. Quando você chega ao quilômetro 30, só sente dor. Você não consegue esfriar a mente e desacelerar, e começa a entender e desfrutar cada meta daquela corrida.

Logo que você consegue desacelerar um pouco, percebe que no final as pessoas começam a sorrir. Depois que esfria a mente e desacelera o ritmo, mesmo com todas as dores, sofrimento e esgotamento, as pessoas começam a sorrir e chegam ao quilômetro 40.

Seu corpo não aguenta. Você só sente dor e sofre, lá acontece algo mais perigoso. As pessoas acreditam que já atingiram a meta, mas faltam os dois últimos quilômetros, que são os mais importantes da maratona. Se acreditarem nelas mesmas, cruzarão a linha de chegada.

Quem corre uma maratona não corre só uma. A alguns metros para cruzar a linha de chegada, a pessoa decide correr a próxima, mesmo com todos os desafios.

Quando você cruza a linha de chegada é só o começo. Quando coloco a mão nos resultados, esqueço as dificuldades. Hoje eu lembro de que lá no começo do marketing de rede eu morava num quartinho nos fundos da casa da minha avó e dormia num colchão no chão. Hoje agradeço e dou risada.

Lembro da dificuldade que era pensar numa manobra e não ter coragem para realizá-la. Das manobras que fiz na vida, as que me deram medo foram as que mais valeram a pena.

Se você assistiu ao filme *À procura da felicidade*, já deve ter ouvido falar do homem que inspirou o filme: Chris Gardner, dono da Gardner Rich. Ele não teve uma infância fácil, foi agredido pelo padrasto ainda criança e trabalhava como vendedor de equipamentos quando jovem. Quando o filho dele nasceu, Gardner foi abandonado pela mulher e ficou com a guarda do menino, com quem passou a morar em abrigos para pessoas sem-teto. Ingressou num programa de trainee sem remuneração e apostou todas as fichas em se tornar um corretor da bolsa. Foi assim que conseguiu criar sua própria corretora, anos depois.

Já pensou se ele tivesse tido medo de se machucar?

DAS MANOBRAS
QUE FIZ NA VIDA,
AS QUE ME DERAM
MEDO FORAM
AS QUE MAIS
VALERAM A PENA.

O OBSTÁCULO É O CAMINHO

O medo sempre foi uma constante na minha vida. Ele ficava à espreita e esperava momentos importantes para agir. Tive medo em momentos que todo mundo considera absolutamente comuns, como tirar carta, mas em que eu travava e não conseguia seguir adiante.

Dirigir era aparentemente simples, mas eu tinha medo e travava. Aí percebi que, se eu sabia andar de skate, o que poucas pessoas conseguiam, por que não conseguiria dirigir, como todo mundo conseguia?

Quando estiver diante de uma situação de medo, pense numa coisa que só você ou que poucas pessoas sabem fazer. Se puxar sua linha da vida pelo fio da memória, vai rever episódios que só você passou.

Mas você passou, e provavelmente deve fazer algo que ninguém mais tem a habilidade de fazer.

Minha avó, por exemplo, cozinha pratos orientais que ninguém mais consegue preparar. E a comida dela é única – só ela quem faz. Sempre que entra na cozinha, ela entra com paixão. Ela ama cozinhar para as pessoas, e isso faz toda a diferença no resultado.

Mas o que a minha carteira de habilitação, o skate e a comida da minha avó têm em comum?

Na verdade, toda vez que eu me deparo com um medo qualquer, como no dia de tirar a carteira de habilitação, faço a mim mesmo a pergunta: *Elton, o que você sabe fazer muito bem que só você faz?*

Ter medo nos paralisa. Se não nos lembrarmos de quem somos e do que somos capazes, não sairemos do lugar porque imaginamos que aquele desafio é intransponível.

Imagine que você está navegando numa tempestade. Conforme avança mar adentro, percebe o que pode fazer para mudar e ajustar a rota, de modo que sua tripulação não sofra danos. Tentar amenizar os danos quando estamos no olho do furacão faz parte da vida. Não existe erro: existe resultado.

O resultado só existe porque você agiu, apesar das dificuldades que encontrou pelo caminho, e é louvável que tenha pelo menos tentado. É melhor errar tentando do que ficar esperando as condições ideais para fazer algo ou criticar quem fez.

Se o resultado não está de acordo com o que gostaria, faça mudanças e ajustes. Você precisa entender de uma vez por todas que é preciso enfrentar o medo quando existe um obstáculo no caminho, porque esse obstáculo pode te levar a um caminho bem melhor.

Quando entendemos que 95% das nossas atitudes são inconscientes, tentaremos observar melhor o nosso inconsciente e não o deixar à deriva.

Aonde conseguiremos chegar, se andarmos sempre do mesmo jeito e com o mesmo ritmo? Que vida teremos se não desviarmos do percurso quando estamos insatisfeitos com aquilo que está se apresentando diante de nós?

Sou da opinião que nossa qualidade de vida é igual à nossa qualidade de comunicação, conosco e com os outros.

Como você se comunica? Como enxerga as coisas? Como as vê? Com que filtro olha para as pessoas à sua volta?

O aprendizado vem do erro.

Mesmo que você tente e erre, é errando que se aprende. Num determinado momento, a quantidade de erros vai contar a seu favor e, em vez de ficar mais infeliz, ficará mais feliz. Vai errar para melhor e adquirir experiência.

Pode perceber que a segunda tentativa sempre sai melhor que a primeira. É dessa forma que a quantidade de erros conta a nosso favor. Quanto mais erramos, mais aprimoramos aquilo que queremos melhorar. Sem tentativa, não existe erro, e é provável que as primeiras tentativas sempre tragam erros de todos os tipos.

Foi sempre assim que lidei com as primeiras vezes. Pouco a pouco, eu me lembrava da mania de tentar que o jovem skatista tinha e me enchia de determinação, acreditando que, se eu podia imaginar, poderia cumprir.

Nesse percurso, aprendi um bocado sobre atitude mental positiva e percebi que o erro ficava cada vez melhor. Ou pelo menos, diferente. Quando eu tinha paciência comigo mesmo e com os meus erros, entendia que eles faziam parte do processo. E não me cobrava tanto.

Algumas pessoas, ao contrário, ficam presas ao medo de errar. Com isso, não conseguem se desenvolver. Só que o erro vai ficando menor e melhor. E desenvolver uma atitude mental positiva em relação aos acertos é melhor que ficar parado pensando se aquilo que imaginamos daria certo.

Certa vez, fui a uma palestra do Robert Kiyosaki, autor do *best-seller Pai rico, pai pobre*. Ele perguntava à plateia "por que os professores não são ricos, mesmo sendo muito inteligentes e sabendo todas as respostas?".

Todos ficaram calados. Nenhum de nós sabia a resposta. Foi então que ele decretou: porque não erram. Eu, que já sabia o poder do erro e aprendi muito com as minhas derrapadas, entendi que meu maior professor seria sempre meu último erro.

Por isso, hoje digo a você: quando errar, faça uma análise do que aprendeu com o erro. Esse é o posicionamento de um vencedor, seja num campeonato de skate, seja numa transação milionária.

Nossa ação deve estar sempre intimamente ligada à congruência. E o que significa ser congruente consigo mesmo? É tomar uma atitude que esteja de acordo com a sua decisão.

Por exemplo: estou de dieta e quero perder 6 quilos, mas me permito comer um chocolate no fim do dia. Essa atitude foi incongruente com o meu objetivo, e faz eu regredir algumas casas até chegar aonde quero.

A pergunta que você deve se fazer é: qual o meu objetivo? As atitudes que você tem tomado em sua vida estão de acordo com o objetivo que deseja alcançar? Toda atitude tem que ser pensada. Se ela estiver de acordo com seu objetivo, não tem por que ter medo de avançar.

A questão é que nos desviamos o tempo todo do nosso percurso. Nós nos sabotamos para criar razões para nós mesmos e dizemos o tempo todo a nós mesmos que estamos progredindo, quando na verdade estamos andando em círculos.

Já errei muito na minha vida, mas aprendi que o erro é um caminho. Podemos traçar estratégias melhores a partir dos erros e obstáculos.

Momentos bons e ruins fazem parte da vida. A diferença é que um marca e o outro ensina. Os dias bons e prósperos trazem uma energia revigorante e faz a gente querer seguir adiante. Mas quando as experiências ruins aparecem, precisamos transformar o obstáculo num novo caminho.

Eu me lembro que a minha primeira apresentação no palco foi terrível. Esqueci cada palavra que precisava falar. Naquela noite, não consegui dormir. Fiquei pensando no quanto eu me sentia incapaz de falar em público e como tinha fracassado no meu objetivo. Mesmo assim, algo dentro de mim estava vibrando – eu sabia que tinha tentado.

Tentar faz de você um vencedor. Eu tinha vencido o meu medo, embora ainda não tivesse qualquer habilidade de falar em público, tinha enfrentado uma situação.

Depois disso, o medo foi diminuindo e eu parei de cobrar tanto de mim.

Na verdade, na vida, a insegurança sempre surge quando fazemos alguma coisa nova. O cérebro faz tudo para nos proteger daquilo, como se saíssemos da zona de conforto e entrássemos numa zona de perigo. Para nos proteger, o cérebro traz aquela sensação de medo, parecida com a que experimentamos se estamos numa selva, prestes a ser atacados.

Eu entendia sempre que me via nessas bifurcações da vida, quando meu medo tentava me brecar e eu precisava me esforçar e ter fé, que não era uma ausência de medo pura e simples. Fé era acreditar que daria certo, mesmo com tudo parecendo contra.

Você pode se dizer uma pessoa com fé, mas será que tem mesmo? Ou será que desiste quando encontra o primeiro obstáculo? Será que você segue adiante e tenta fazer de cada obstáculo um caminho para ir adiante?

Outro dia conheci um cara que se chama Marcos Rossi, e ele me deu o livro dele. O título é *O que é impossível para você?* Poderia ser um livro qualquer, mas era um livro escrito por um advogado que trabalha num banco de segunda à sexta, faz palestras, canta, puxa a bateria de uma escola de samba em São Paulo, é DJ, tem dois filhos, leva o cachorro para passear todas as noites, tem um grupo de surf e um de skate. O fato de fazer tudo isso já o torna diferenciado, mas quer saber mais? Ele nasceu sem os braços e as pernas.

Agora, imagine você, que reclama das suas limitações, encontrar numa livraria um cara numa cadeira de rodas motorizada, vestido com uma camiseta com os dizeres: "Pare de reclamar".

Para mim, conhecê-lo foi um presente. Eu li o livro com aquela história fantástica e passei a admirá-lo ainda mais, porque ele era o cara que tinha tudo para dizer que existiam obstáculos na vida. E existiam mesmo.

Mas ele fez desses obstáculos o caminho.

Hoje, nas palestras, ele fala sobre limitações da mente, que nos impede de caminhar e realizar nossos sonhos. Mesmo que todos nós tenhamos nossos desejos mais secretos, sempre temos prisões mentais.

Eu mesmo, quando comecei a trabalhar com marketing de rede, tinha uma vergonha absurda de subir ao palco, mas sabia que precisava enfrentar aquilo, que não era um bicho de sete cabeças.

Era nessas horas que eu entendia que o trabalho duro vencia o talento quando este não trabalhava duro, e que eu não precisava ser melhor que ninguém. Só precisava ser melhor que eu mesmo, todos os dias.

Para isso, eu precisava pagar o preço e fazer o que tinha que ser feito, mesmo que os resultados ainda não correspondessem às minhas expectativas.

Ao me deparar com esses obstáculos, eu entendia que o sucesso não era barato. Tinha um preço, que era viajar a trabalho e ficar longe da minha filha, por exemplo.

Qual o preço que você está pagando? Tem valido a pena?

Hoje muita gente compara sua vida à minha e reclama que não colhe os mesmos resultados. Muitos dizem que tive sorte. O que eu chamo de sorte é o resultado de uma ação focada em resultados, com um desejo intenso que originou uma escolha, movido por uma intenção que gera uma mudança.

Por isso, quando a gente decide pagar o preço, faz o que precisa ser feito e encara os resultados. Independentemente de eles serem do jeito que imaginamos que seriam.

Hoje, com os resultados que tenho na Hinode, uma empresa de marketing de rede com valores sólidos e uma cultura organizacional que propicia o desenvolvimento de pessoas, percebo que durante muitos anos tive medo de crescer, e só quando me permiti avançar, entendi que teria resultados conforme meus esforços. E esses resultados foram extraordinários.

Como eu já disse, todo mundo quer alguém que troque a sua fralda: uma pessoa que cuide da nossa vida e nos diga o que, como e quando fazer. Mas enquanto dependermos de alguém que nos dê a direção, estaremos presos no tempo de desenvolvimento limitado pelas instruções de quem nos guia.

Sempre haverá alguém que troque a sua fralda, mas chegará a hora de tomar vergonha na cara e se perguntar: "Por quanto tempo eu quero alguém vigiando meus passos?

Por quanto tempo seguirei os passos dessa pessoa que está me instruindo?".

Tomar decisões nem sempre é fácil. Dói, porque podemos tomar um rumo que não traga os resultados esperados e seremos os responsáveis por isso. No entanto, quando acertamos, temos o mérito de ter desbravado um novo caminho, que nos traz diferentes possibilidades.

No dia em que eu finalmente resolvi sair do Fórum e entrar de cabeça no marketing de rede, senti que estava andando na corda bamba, sem rede de proteção.

Quando eu saí, eu já ganhava três vezes mais no marketing de rede. Mesmo assim, eu me sentia inseguro, porque depender somente do meu esforço era algo novo para mim.

Quando comecei a colher os frutos do meu esforço, entendi que aquilo só tinha sido possível porque eu tinha me jogado e arriscado de verdade. Sempre digo para meus colegas de trabalho que quando decidimos fazer algo com responsabilidade, a ajuda diminui, mas ficamos mais fortes.

Se você tem uma ideia ou um objetivo e está com medo, siga com medo mesmo. Porque ninguém vai agir no seu lugar. Seus planos serão apenas sonhos enquanto você não os puser de pé e lutar com todas as suas forças. Se houver obstáculos, enfrente-os e olhe para os resultados com a consciência de que mesmo os erros são válidos na estrada, porque te levam para outro lugar. Muitas vezes é inevitável fugir dos erros, mas é preciso saber lidar com eles e entender a força que ganhamos quando não fugimos deles.

Erre dezenas de vezes, mas aja. Não fuja por medo de errar. O obstáculo é o caminho. É errando que se perde o medo. Você sempre vai ter medo de fazer algo pela primeira vez e vai aprender errando. Vai melhorar com os erros cometidos pelo caminho.

O imperador Marco Aurélio dizia que "o que impede a ação favorece a ação. E o que fica no caminho torna-se o caminho".

O Marquinhos, como eu chamo meu amigo Marcos Rossi, percebeu desde pequeno que as limitações não existiam e se dispôs a fazer as coisas com os recursos que tinha.

Quando estiver diante de um problema, olhe de fora e veja como as pessoas que admira reagiriam àquele problema – ou obstáculo –, como preferir. Desse jeito, você passa a entender que às vezes colocamos muita emoção no julgamento daquilo que está diante de nós e perdemos a capacidade de pensar com clareza.

Sem movimento, estagnamos, e a vida não flui. A prática dos movimentos que queremos implementar em nossa vida é que faz a roda girar. Ao mesmo tempo, só a atitude positiva, sem a tentativa e o treino, não basta.

Quando um jogador de basquete pensa positivamente em acertar a cesta, a chance de ele acertar é grande, porque treinou para fazer aquilo. Se eu só imagino fazer algo que nunca fiz e faço pela primeira vez, usando apenas o poder do pensamento positivo, é óbvio que aquilo não vai ter o mesmo efeito, simplesmente porque eu não pratiquei, nem tenho habilidade necessária para fazer aquilo acontecer.

O que precisamos entender é que faremos melhor tudo aquilo que já fazemos bem com o pensamento positivo, em vez do negativo. É quando carregamos um entusiasmo e uma atitude firme e decidida de que as coisas vão dar certo.

Eu gostaria que você refletisse sobre esta frase: se você faz algo bem, com paixão e entusiasmo, o resultado é explosivo, porque você investiu energia, que é um fator único e exclusivamente seu.

Quer matar seus sonhos? Pare de tentar. Deixe sua confiança ficar abalada e destrua a si mesmo.

Um dia assisti a um vídeo de um skatista chamado Rogério Mancha. Quando vi o que ele fazia, tentei fazer igual. Chamei um amigo para filmar e tentei. Mais de cem tentativas depois, consegui.

Errei muito para conseguir, mas quem vir o vídeo, vai achar que eu consegui de primeira. É isso que acontece na vida: as pessoas querem o resultado, mas não estão dispostas a pagar o preço.

Eu pergunto: se eu tivesse acertado de primeira, será que teria tanta satisfação? Será que teria alguma graça conseguir fazer aquela manobra com facilidade, sem entender a complexidade dela e o quanto ela exigiria de preparo, técnica, atenção e dedicação, para ficar perfeita?

Hoje, sempre que estou diante de um problema que me faz quebrar a cabeça, lembro dos momentos em que venci o cansaço e derrotei a frustração inicial de não conseguir ir adiante em algo que eu queria muito.

Desistir é sempre uma opção. Precisamos saber a hora de fazê-lo, mas também temos que identificar se o que nos impede de seguir adiante é o medo de não conseguir ou a paralisia diante do medo.

Quando estiver diante de um obstáculo que você acha que não vai dar conta, eu sugiro que o observe e relembre todos os momentos de sua vida em que fez coisas que nem imaginava ser capaz.

Eu garanto que não existe caso perdido. Se algo não deu certo hoje, não desista. Amanhã é um novo dia. Sempre.

Quem me ensinou essa máxima foi meu grande amigo e parceiro de trabalho, Sandro Rodrigues, presidente da Hinode. Depois de atravessar o que ele chama de "deserto", quando perdeu quase tudo depois de 20 anos de empresa e teve que se reinventar, apesar de cada obstáculo encontrado no caminho, ele foi o cara que fez do obstáculo um caminho e do caminho, um império.

Porque quem desiste depois do primeiro desafio jamais vai sentir o sabor do sucesso e comemorar as merecidas conquistas.

Que sorte eu tenho de aprender com esse cara.

SEJA OBSTINADO

Quando comecei a vender produtos de beleza através do marketing de rede, ouvi muitas críticas. Pessoas riam de mim e diziam que eu venderia perfume. Essas mesmas pessoas ficaram paradas no tempo, enquanto eu caminhei. Quando comecei, ainda não sabia aonde ia chegar, mas estava obstinado e sabia que, com consistência, chegaria a algum lugar.

Na vida, são os pequenos passos diários que nos levam a algum lugar.

Tem gente que olha para a estrada longa que terá de caminhar para realizar o objetivo que tem em mente e já pensa em desistir. Eles esquecem que para andar 40 quilômetros é preciso dar o primeiro passo.

Talvez o caminho demore para ser percorrido, mas é caminhando um pouco por dia que você chega ao destino.

As pessoas que riram de mim quando comecei no marketing de rede estão exatamente no mesmo lugar porque não ousaram sair de onde estavam nem pretendiam fazer algo que as tirasse de lá.

Aprendi a ser consistente com o skate. Eu precisava treinar todo dia se quisesse fazer uma nova manobra num campeonato. Não era dia sim, dia não, era todo dia.

É a consistência e não a velocidade que gera resultado a longo prazo. É um comprometimento muito forte com seu porquê que gera consistência a longo prazo.

Existem algumas definições que explicam o sucesso, mas eu acredito que sucesso não é nada mais do que poucas habilidades aplicadas todos os dias, como diz o Jim Rohn, um dos meus mentores.

Sucesso é a somatória de pequenos acertos realizados todos os dias no cotidiano. Ao mesmo tempo que parece simples, é extremamente complexo.

A pergunta é: Elton, se isso é tão simples, por que a maioria das pessoas não atinge uma vida de sucesso? A questão é que as pessoas não estão obstinadas, nem criam consistência em seus atos. Elas simplesmente fazem algo pelo objetivo num dia e abandonam no dia seguinte. Pulam de galho em galho ou simplesmente abandonam o barco quando a coisa não dá certo. Poucos têm disciplina pra realizar o que precisa ser feito dia após dia.

Sucesso é baseado em três simples decisões. Você precisa entender o poder de uma decisão de qualidade. Decidir é diferente de querer, porque, quando se decide, algo se parte e um futuro se cria.

Quando eu tomei uma decisão que faria diferença na minha vida e na da minha família eu nem poderia imaginar que aquela decisão impactaria a vida de milhares de pessoas.

Mas quando começamos a entender que uma simples decisão pode impactar muitas vidas, entendemos o poder dela.

A primeira coisa que devemos saber é que toda decisão é excludente. Quando decidimos por algo, temos que saber que vamos ganhar e perder. Não existe somente ganhar, já que a vida é feita de renúncias e prioridades.

Priorizamos aquilo que consideramos importante naquele momento. Se entendemos isso rapidamente, compreendemos o nível de prioridade que tudo tem em nossa vida.

Qual é o nível de prioridade que seu negócio tem hoje em sua vida?

Muita gente acha que está totalmente engajada com os objetivos do negócio, mas quando tem um aniversário ou *happy hour*, deixa todas as obrigações de lado e parte para o que parece mais prazeroso.

Quando entrei no marketing de rede, a tentação de faltar nos compromissos, reuniões e convenções era grande, já que todo fim de tarde surge um amigo que te chama para uma cerveja. É impressionante como quanto mais tentamos nos engajar no nosso objetivo, mais tentações surgem no caminho para nos desviar do que buscamos encontrar.

É como um teste.

Por sorte, eu estava obstinado a ir adiante e colher os resultados que achava que podia colher se aquilo engrenasse. Então, dia após dia, eu fazia reuniões. Algumas não davam em nada, mas o poder da consistência fazia com que eu me habituasse aos compromissos relacionados ao meu negócio. Logo passei a incorporá-los na minha vida e tudo ficou secundário. Meu nível de prioridade era outro.

Evidentemente, nem sempre foi assim. Se hoje completo onze anos nessa indústria, me recordo dos três primeiros anos, em que ganhava muito pouco. Se naquela época eu desistisse, por conta dos resultados que estava obtendo, jamais teria chegado aonde cheguei.

É difícil deixar de fazer o que mais gostamos para nos envolver num novo projeto. Muita gente tenta nos desviar do percurso, mas quando colocamos na cabeça que fazer um pouco por dia vai nos levar na direção daquilo que queremos alcançar, conseguimos entender por que a prática é amiga da perfeição.

Muita gente está sempre com sede de aprender. Lê livros, vai a palestras, frequenta inúmeros lugares onde se respira conhecimento. Só que se concentram em colocar toda a energia numa só tacada. Se os projetos não vão para frente, ficam frustrados e desistem.

No marketing de rede, foram onze anos até que eu pudesse me considerar um milionário. Esperar tanto tempo fez com que eu entendesse que as coisas não acontecem da noite para o dia. Onze anos trabalhando dia após dia com consistência e obstinação.

Acredito que é preciso ter os três Ps: propósito, paciência e persistência. Quando esses três ingredientes mágicos estão no nosso dia a dia, aos poucos eles se incorporam aos nossos hábitos dentro do negócio.

A pergunta que gostaria de fazer é: você está realmente comprometido com seu sucesso? Está disposto a todos os dias fazer algo pelo seu sonho? Abre mão de algo para conquistar aquilo que acha que merece ou quer apenas que a sorte te favoreça sem precisar fazer nada para conquistar aquilo que deseja?

Vejo poucas pessoas querendo colocar em prática o que aprenderam. Apenas leem e ganham conhecimento. Só que ninguém prospera com conhecimento acumulado, é preciso colocá-lo em prática.

O primeiro passo para tudo na vida é decidir. É a partir de uma decisão que começamos a buscar o que almejamos. Sem a decisão, talvez nem consiga resultado algum.

Quando começamos a entender por que tomamos aquela decisão, tudo fica muito simples e fácil. Se você não sabe, é só se perguntar: "*qual é o motivo*"?

Temos que ser cuidadosos quando todo mundo segue a galera, porque devemos sempre perguntar a nós mesmos "*a quem estou seguindo*"?

No meu entendimento, faz parte da vida buscar grupos de pessoas com as quais possamos sempre compartilhar e receber conhecimento. Ou seja, aprendizado constante é fruto dessa intersecção entre pessoas. Por mais que seja doloroso, vale a pena rever os círculos de amizade que você mantém, porque eles podem te derrubar ou te puxar para cima.

Se você é o mais inteligente do seu grupo de amigos, ninguém vai te ensinar nada. Associe-se a pessoas melhores que você naquilo que precisa progredir.

É como se tornar vegetariano e passar os finais de semana com amigos que só fazem churrasco. Fica impossível persistir no seu objetivo. Você deve conhecer aquele cara que jurava que pararia de beber, mas que de tanto encontrar os colegas de bar na esquina acabava cedendo ao vício.

Quando temos um objetivo, precisamos eliminar a possibilidade de falhar, principalmente se existe uma tendência a ir para o outro lado.

Ter disciplina não é nada fácil. Eu mesmo precisei me impor rotinas que criariam novos hábitos para que eu pudesse continuar a caminhar dentro daquilo que tinha proposto inicialmente.

Hoje sei que semelhante atrai semelhante. Já diz o ditado que aves da mesma plumagem voam juntas e que boi preto anda com boi preto. Eu precisava entrar num nicho de pessoas interessantes – e não interesseiras – que pudessem compartilhar algo comigo, enquanto eu compartilhava algo com elas.

Nessa doação recíproca de conhecimento, informações e energia, entendi que o crescimento era muito mais efetivo quando encontrávamos pessoas que tinham objetivos semelhantes aos nossos.

Se hoje conheço pessoas bilionárias, empresários, escritores e uma infinidade de personalidades de sucesso, é porque comecei a agir como elas agem. Quando me aproximei de cada uma delas, fui humilde para perguntar como tinham conseguido alcançar o êxito em cada área da vida.

Aproximar-se de pessoas de sucesso de forma leve, sem ser inconveniente, faz com que elas te elevem e queiram compartilhar com você aquilo que sabem que te ajudará.

Então, se decidimos o que queremos e nos associamos às pessoas certas, precisamos decidir ir até o final. É a decisão de manter a primeira decisão. Como conseguimos manter essa decisão?

Sucesso é algo simples, porém complexo. Vivemos num mundo imediatista. A chamada geração miojo, que quer tudo pronto em três minutos, acha que terá o que deseja da noite para o dia.

Devemos ter o cuidado de desenvolver habilidades essenciais para construir o sucesso. Aí entra a visão de longo prazo da qual já falamos nos capítulos anteriores.

Decidir ir até o final está relacionado a isso. É preciso entender essa visão a longo prazo. Fazer um plano é bom, mas seguir em frente com ele todos os dias é o que faz a diferença.

Quando está numa palestra, você estuda, mas sabe onde vai aprender? Lá fora. No campo de batalha, praticando.

É preciso ir para o campo de batalha e entrar em ação. No início tem que ter comprometimento, depois disso, deve-se ir até o final para manter a primeira decisão.

Outro dia ouvi a história da Oseola McCarty, uma lavadeira que foi concebida quando sua mãe foi estuprada. Criada pela avó, quando criança, ela começou a trabalhar, saiu da escola e começou a desenvolver um modo de lavar as roupas extraordinário que atraía clientes de longe. Quem a conhecia, dizia que o trabalho duro dava significado à sua vida, e ela se orgulhava muito do que fazia.

Desde os 8 anos começou a economizar e, quando o dinheiro se acumulava em seu carrinho de boneca, ela decidiu que teria uma conta no banco.

Então, começou a depositar um dólar por dia. Quando se aposentou, em 1995, com as mãos dolorosamente inchadas e com artrite, ela foi ao banco verificar o saldo das moedas que depositara. Eram 280 mil dólares.

Ela reservou o suficiente para viver e doou 150 mil dólares à Universidade do Mississippi, para financiar bolsas de estudo a estudantes esforçados, porém sem recursos, que buscavam uma educação que ela nunca teve.

Quando descobriram o que ela tinha feito, mais de 600 homens e mulheres em Hattiesburg fizeram doações que mais do que triplicaram a doação original de Oseola McCarty. Ela justificava seu ato dizendo: "Eu não posso fazer tudo. Mas eu posso fazer algo para ajudar alguém. E o que eu posso fazer, eu farei".

Como muitos filantropos, Oseola McCarty esperava inspirar outros a atos semelhantes. E foi o que aconteceu. Além das doações locais que mais do que triplicaram a doação dela, o magnata da TV a cabo Ted Turner decidiu doar 1 bilhão de dólares para uma instituição de caridade depois de ouvir essa história. Ele foi citado no *New York Times*: "Se essa pequena mulher pode dar tudo o que ela tem, então eu posso doar 1 bilhão".

Essa história me tocou profundamente. Primeiro por causa da generosidade inquietante de uma lavadeira que levou a vida toda para realizar um sonho e a forma como ela conseguiu realizá-lo, através da consistência.

Um dólar por dia fez a diferença na vida de milhares de jovens que foram beneficiados pelo programa criado por Oseola. Essa mulher, que operou um pequeno milagre na vida de alguém, hoje é celebrada, porque um dia foi obstinada.

Lembre-se: o que você fizer hoje fará a diferença na sua vida ou na vida de alguém se for feito todos os dias.

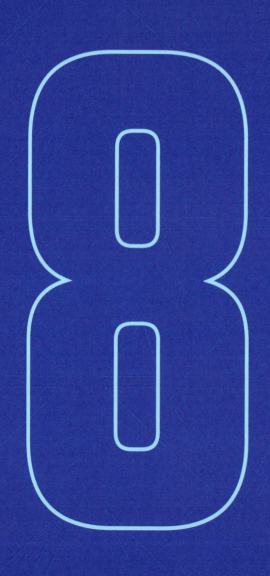

ATITUDE MENTAL

Eu era pequeno quando ouvi a passagem bíblica: "É mais fácil um camelo passar pelo buraco de uma agulha do que um rico entrar no Reino dos Céus".

Na época, não entendia muito bem o que era o tal do Reino dos Céus, mas de uma coisa eu tinha certeza: eu já tinha visto um camelo e sabia muito bem o tamanho do buraco de uma agulha.

Se para ser um escolhido de Deus eu não podia ser um sujeito com dinheiro, então, que esse tal de dinheiro ficasse bem longe de mim.

Muito tempo depois, quando já adulto, descobri que em Jerusalém, antigamente, havia grandes muralhas. Os portões se fechavam às seis horas da tarde, impreterivelmente. Então, quando a caravana de camelos chegava, eles não podiam entrar. O único jeito era passar por uma portinhola que era conhecida como agulha.

Só que para o camelo passar por essa portinhola, duas coisas precisavam acontecer: primeiro, ele precisava ser descarregado; segundo, precisava passar de joelhos.

Se para o camelo isso não é difícil, para o mundo foi difícil entender e interpretar a frase que ficou conhecida, já que nem todo mundo sabia que o nome daquela portinhola era "agulha". A simbologia era que para entrarmos no Reino dos Céus, teríamos que entrar humildemente, de joelhos, deixando os bens que carregamos.

A frase nunca quis dizer que, se um cara era rico, ele não iria para o Céu, como tantos de nós interpretamos durante muito tempo.

Hoje sabemos que a espiritualidade e a prosperidade andam de mãos dadas e quanto mais temos condições financeiras, mais podemos criar oportunidades de emprego para as pessoas.

No entanto, a crença negativa nos foi colocada desde a infância. Crescemos acreditando que dinheiro nos jogava longe de Deus. Todo mundo acredita que ser pobre é uma virtude.

Você pode até se contentar com o básico, mas quando pensa em viajar com a família, realizar sonhos, dormir e acordar na hora que quer, ter conforto, precisa de dinheiro para realizar tudo isso.

Então, mudei minha atitude mental. Não pensava mais em me contentar com pouco ou ter o necessário para sobreviver. Eu queria mais, queria o melhor, queria proporcionar o melhor para minha família.

Ambicionar era o equivalente a saber o que eu queria. E querer mais do que eu tinha não era pecado... Vejo que a maioria das pessoas quer uma vida melhor mas pensa pequeno. Elas não arriscam, não ambicionam e andam segurando na margem, com medo de que um passo em falso possa colocá-las em perigo. São pessoas que não têm atitude mental positiva, nem sabem como fazer para se livrar da cabeça cheia de problemas. Elas nadam em problemas e apagam incêndios o tempo todo. Essas pessoas não conseguem abrir espaço na mente para criar o futuro que querem simplesmente porque estão ocupadas demais resolvendo as pendências daquilo que não desejam. Assim, colocam mais foco e atenção no que não querem e se tornam vítimas de um ciclo vicioso, em vez de entrarem num círculo virtuoso, em que possam criar oportunidades, apoiar outras pessoas, compartilhar ideias e fazer seus próximos crescerem.

Pessoas que não se dão conta de que o domínio da mente é a primeira coisa necessária para dominar a própria vida, se tornam reféns de crenças que elas mesmas fabricam em sua mente. O mundo pode mudar, a tecnologia, os computadores, mas pensar será sempre nossa arma secreta, hoje e no futuro.

Você já deve ter conhecido alguém assim, que dá desculpas por não ter atingido a meta que queria. Essas pessoas são especialistas em criar histórias convincentes para elas mesmas sobre aquilo que não conseguiram fazer. O pior é que elas acreditam tanto na história, que a reproduzem o tempo todo. Aquela história vira uma verdade universal e limita a vida da pessoa.

Já conheci excelentes contadores de histórias que fabricavam enredos péssimos para a própria vida.

Se você for um deles, atenção: olhe para a versão que você tem contado da sua vida e veja qual a sua responsabilidade no resultado que tem atingido. Se você pensasse de outra maneira, certamente chegaria a outro lugar. Se você acreditasse em si mesmo, com certeza enxergaria mais oportunidades.

Conheço pessoas que são perspicazes o bastante para encontrar ouro no lixo. Elas sabem extrair o melhor de cada história e sabem criar bons enredos para a vida delas. Estão prontas para lutar, vencer e encarar a vida com responsabilidade, sem autopiedade nem medo de fracassar. Elas guerreiam na vida, como samurais em busca de resultados. Elas têm uma certeza implacável de que a atitude mental influencia o que ela vai receber de volta da vida. Essas pessoas são protagonistas da própria vida.

Na Bíblia também se lê: "Peça e receberás", e não há nada mais profundo que isso. Precisamos saber o que queremos para pedir e acreditar que o merecemos.

Se você se acha um fracassado que não consegue chegar a lugar nenhum, se sua maneira de viver reflete os condicionamentos aos quais está aprisionado, certamente estará aprisionado à velha maneira de fazer as coisas e dependerá de um salário para pagar as contas até o fim da sua vida.

A prisão mental é a maior das prisões, porque ela depende de um estado de espírito, a única coisa sobre a qual temos um controle inquestionável.

A única coisa que a minha mente atraía quando eu não tinha dinheiro eram aborrecimento, preocupações e dívidas. Aliás, dentre as coisas que eu mais temia, os boletos estavam no topo da lista. Quanto mais medo eu tinha de dever para o banco, mais eu devia.

Você já se sente assim? Fica com o coração na boca quando chega uma cobrança? Tem medo de sair de casa para não gastar? Faz cálculos para manter um padrão de vida em que não existe nenhuma qualidade de vida, mas que é cheia de pensamentos perturbadores que te tiram o sono? Tem medo de não ter dinheiro para pagar a escola do filho, de não conseguir prover sua família financeiramente? Quanto mais esses medos entram na mente, mais bloqueiam as atitudes mentais positivas, porque minam até mesmo a nossa capacidade de raciocínio. É impossível pensar em qualquer solução se estamos com a cabeça nublada de problemas.

A atitude mental está diretamente ligada ao controle da mente. Você só pode ter atitude se controlar os seus pensamentos e não se deixar levar por eles, se entender que os medos existem, mas que não podem doutrinar sua forma de pensar e agir.

Entender que ter uma atitude mental positiva era o ponto de partida para as riquezas parecia simples, mas quem disse que eu conseguia sintonizar essa atitude na minha mente? Quem disse que eu conseguia acreditar que podia ser rico e ainda por cima afirmar isso para as outras pessoas? Quem disse que eu achava que merecia?

É assim que vamos levando a vida: de maneira contida, controlada, com medos, reagindo ao que acontece em vez de agir, deixando que os pensamentos nos controlem ao invés de controlar o rumo da nossa história.

A Dona Adelaide, fundadora da Hinode, costuma dizer uma frase poderosa em suas palestras: "Nascer pobre não é uma escolha. Morrer pobre é".

Com essa frase, ela levantou quatro filhos, criou um império e mostrou, através de uma atitude mental, que bastava querer e agir para conquistar seus sonhos. Quem conhece a história desta família sabe que eles enfrentaram dificuldades de toda espécie, mas que todos tinham uma atitude mental inabalável. Essa força era como uma potência que abria caminhos por onde passavam e os fortalecia para que pudessem enfrentar com coragem tudo aquilo que estava no meio do caminho.

Ter atitude mental não é apenas acreditar, é saber que existe um magnetismo criado através da mente quando se emite a energia da fé, nascida das crenças. Fé contagiante e ação construtiva podem tirar qualquer pessoa do buraco. Mas, antes de mais nada, a pessoa precisa querer sair de lá.

Eu já vi pessoas que estavam tão acostumadas com uma vida miserável que, quando outras estendiam a mão para tirá-las de lá, elas eram incapazes de sair da situação. Muitas vezes, elas eram tão autodestrutivas que ainda puxavam quem tentava ajudá-las para dentro do problema.

Muitos de nós criam problemas, assumem posturas de vítima diante da vida e não conseguem criar condições mentais para agir. Essas pessoas não acreditam em si mesmas, nem conseguem fortalecer as próprias crenças.

Nosso subconsciente bloqueia nossa capacidade de progredir o tempo todo. Isso faz a gente imaginar que uma vida com dinheiro é o mesmo que uma vida desonesta. Temos em nosso imaginário, desde a infância, as imagens mentais de vilões ricos que tiravam vantagem das pessoas. Por isso, muitos de nós continuam criando condições para persistir na vida difícil.

Aliás, já notou como é confortável contar para alguém que sua vida está difícil? Todo mundo escuta e reclama junto. Experimente dizer que as coisas estão funcionando para você. Veja a diferença. Algumas pessoas não conseguem sequer suportar o peso do sucesso dos outros.

Na maioria das vezes, isso é mais forte do que a gente. É difícil se desapegar daquelas crenças, das historinhas que contamos para nós mesmos na infância. Por exemplo: vejo muita gente dizendo que dinheiro não é importante. Pessoas com essa crença trabalham dia e noite atrás de dinheiro. O que você precisa entender sobre essa crença é que o dinheiro não é o mais importante, mas que as coisas que são mais importantes que dinheiro não o substituem.

Tem outra coisa – dinheiro não traz felicidade nem manda buscar. Por quê? Dinheiro está relacionado à área financeira; a felicidade, à área espiritual. Uma área não tem nada a ver com a outra. É a mesma coisa que dizer que ler livros traz músculos.

O dinheiro não traz felicidade. Essa é uma verdade. Realmente dinheiro não traz felicidade, mas muita gente acredita que a falta de dinheiro traz a felicidade. Existem algumas crenças sobre dinheiro, como: ele muda as pessoas, não é importante (geralmente as pessoas que pensam assim são as que mais trabalham por dinheiro).

Religiões e Estado querem dizer que a pobreza é uma virtude. Isso povoa nossa mente o tempo todo até nos filmes de super-heróis. O próprio Homem-Aranha é pobre; já o melhor amigo dele é rico, e o pai é mau. O Superman é filho de agricultores. O arquivilão Lex é rico. A sociedade impõe que ter dinheiro não é bom, que é mais fácil ser controlado.

A verdade é que podemos viajar de ônibus ou de avião, sermos felizes no ônibus e tristes no avião. Dinheiro te dá acesso às coisas e não tem nada a ver com felicidade.

Quando fui crescendo e ficando mais esperto, entendi que nem tudo que a família transmitia era para ser levado ao pé da letra. Isso ficou claro pela primeira vez quando li a história de um menino que perguntou para a mãe porque, na família, sempre cortavam o rabo e a cabeça do peixe.

A mãe tinha respondido que era uma tradição.

– Minha mãe sempre fez desse jeito, foi assim que ela me ensinou – disse a mulher.

O menino ainda não estava satisfeito com a resposta. Assim foi até a avó e obteve a mesma resposta. A tradição familiar vinha na ponta da língua. Então ele resolveu perguntar para a bisavó. A mulher estava dormindo e acordou assustada.

– O que foi moleque?

– Bisa, eu queria saber uma coisa...

Ela olhou para ele, intrigada. O que podia ser de tão importante para que a acordasse daquele jeito?

– Por que a senhora corta a cabeça e o rabo do peixe para preparar as receitas?

– Oh menino – ela disse –, é que naquela época não tinha assadeira grande e eu precisava cortar a cabeça e o rabo para conseguir assar o peixe. Agora me deixa dormir.

Quando ouvi essa história, entendi que muitas vezes repetíamos as mesmas respostas prontas e não fazíamos o mínimo esforço para entender o motivo delas.

A bisa tinha um motivo para cortar a cabeça e o rabo do peixe. Se você investigar, tudo tem seu motivo. Só que as pessoas não questionam o porquê de as coisas serem feitas de determinada maneira.

As pessoas hoje mantêm os mesmos hábitos que se iniciaram na Era Industrial. Nessa época, tudo era feito em série e todo empregado era basicamente tratado como um robô, que deveria entrar na fábrica em determinado horário e sair quando o alarme tocasse.

Foi assim que as escolas foram criadas, para que as crianças entrassem antes do expediente na fábrica. Até o modelo escolar continua engessado – impossibilita que as crianças desenvolvam a criatividade, já que são enlatadas em salas de aula onde repetem fórmulas prontas e precisam ser obedientes.

Todo o modo de operar continuou exatamente igual, mesmo que tenhamos evoluído tanto. A pergunta é – será que esse modo, de uma era que já passou, nos serve hoje?

Hoje você vê as pessoas trabalharem nos mesmos horários, com hora para bater cartão, sem liberdade de ir e vir.

Se hoje trabalho na hora que quero e no momento do dia em que sou mais produtivo, com a responsabilidade de entregar os resultados, é porque entendo que o que era adequado na Era Industrial já não nos serve mais.

Para mudar o *status quo*, tem que fazer, pensar e executar as coisas de outra maneira e questionar o modelo vigente.

Para criar um novo modelo mental que possibilitasse que eu tivesse uma atitude mental positiva, tive que lidar com bloqueios de todas as espécies. O primeiro foi a força de vontade. Precisei reconhecer que eu dirigia a minha mente e, para que eu pudesse alcançar um objetivo, tinha que exercitar a minha força de vontade dia após dia. Foi assim que comecei a incorporar novos hábitos na minha rotina, de forma que eu não fugisse do meu destino. Era assim que eu transformava a força da minha vontade em ação diariamente.

Ao mesmo tempo, tive que lidar com emoções – que nem sempre eram positivas como eu queria. Por isso, eu precisava entender que desenvolver hábitos que me auxiliassem era o caminho para me transformar como pessoa.

Nessa transformação, entendi que, se não controlasse as emoções, positivas ou negativas, eu seria como um barco à deriva.

Foi nesse processo que entendi também a força da mente subconsciente sobre a vontade. Foi um grande dia na minha vida quando reconheci que o sucesso ou o fracasso dependiam de entender o funcionamento da minha mente para que eu pudesse dirigi-la. Conforme começava a entender e dominar a mente, percebia que ela podia sanar a pobreza, a doença, o medo e qualquer tipo de limitação.

Quando entendi o poder do pensamento, comecei a controlar a minha atitude mental e, através dela, controlar as circunstâncias da minha vida e transformar adversidades em vantagens.

Ter uma atitude mental positiva me tornava mestre de mim mesmo, e a única coisa que eu podia controlar era a maneira como lidava com as coisas à minha volta.

Não é normal viver infeliz e endividado. Acredite: eu já vivi assim e sei que isso não é vida. Você merece mais e pode chegar aonde quiser. Escreva aonde quer chegar, imagine o que quer conquistar e entenda que mesmo que seu ponto de partida não seja favorável (o meu também não era, minha mãe era empregada doméstica e meu pai, bancário), você pode e deve construir o seu futuro de acordo com aquilo que sonha. Se pode sonhar, pode realizar. Essa é uma verdade.

A maioria dos homens bem-sucedidos que conheço também começaram com nada, pouca ajuda, mas com um desejo inabalável de chegar onde queriam.

Existem milhões de pessoas que hoje, no mundo, alcançam o êxito ao virar a chave da mente e fazer com que a determinação fale mais alto, quando o medo bate à porta.

Mesmo que eu nunca tenha passado fome, sei o que é ter comida contada para alimentar toda a família.

Quem cresce com uma realidade de escassez dificilmente consegue esquecê-la. Na nossa lembrança, valorizamos o pouco que temos e agradecemos por ter com o que sobreviver.

Mas será que basta sobreviver?

Grande parte da população brasileira se sente feliz de estar acima da linha da pobreza, ou simplesmente de ter como comprar carne para assar um churrasco no final de semana.

Eu pergunto a você: como está sua atitude mental no dia de hoje? Como você tem alimentado seus pensamentos? Como está criando a sua realidade? Será que a tal fé inabalável é realmente inabalável ou basta soprar um vento na direção contrária e você já cai? Será que você está mesmo disposto a pagar o preço e ir em direção aos seus sonhos? Será que você acredita neles com toda a sua força?

Eu mesmo, por muito tempo, já tive posturas que reforçavam que eu estava acomodado com a situação na qual me encontrava.

Conforme me desenvolvia um pouco mais, começava a andar com pessoas melhores do que eu. Essas pessoas foram me ensinando que o pensamento era a primeira coisa que precisava ser mudada quando se quer mudar de vida.

Era curioso como a maioria dessas pessoas tinha prosperado. Muitas tinham perdido tudo e recuperado logo em seguida. Isso provava que o que precisavam não estava fora, mas dentro delas.

Por mais que fracassassem em alguns segmentos, quando colocavam a fé aplicada na atitude mental positiva, elas transpunham todos os obstáculos que apareciam.

Essas pessoas eram frequentemente chamada de sortudas. Só que a sorte que elas traziam era simplesmente a capacidade de serem líderes delas mesmas. Elas tinham uma atitude mental positiva o tempo todo, e não eram aquelas bobas otimistas e inconsequentes. Eram pessoas que acreditavam naquilo que viam e conseguiam compartilhar a visão com todos à volta.

O curioso é que eu passei a atrair pessoas diferentes à medida que começava a mudar a maneira de pensar. Não precisava fazer um esforço muito grande para atrair pessoas. Era só me transformar na pessoa que eu queria ser.

Aqui eu queria que você entendesse algo poderoso: o segredo para uma vida feliz e com sucesso é você se transformar na pessoa que pode ser. Cada um de nós tem um talento diferente. Se tentarmos ser o que o outro é, não damos voz ao que temos de melhor.

Jamais desperdice energia para tentar ser algo que não é, nem finja ser algo para agradar alguém. Acredite: o preço é alto.

O SEGREDO PARA UMA VIDA FELIZ E COM SUCESSO É VOCÊ SE TRANSFORMAR NA PESSOA QUE PODE SER.

Somos abençoados com habilidades, dons e talentos, por isso quando tentamos ser o que não somos, jogamos fora o nosso maior tesouro.

Lembre-se de que ninguém pode ocupar o seu lugar no mundo, por isso, seja fiel a si mesmo. Isso quer dizer "faça o melhor naquilo que sabe fazer". Isso é sucesso e dessa maneira você estará sendo congruente e autêntico.

Foi assim que descobri que poderia até afastar uma relação indesejável para longe, mas a tal da lei da atração, implacável, faria com que a pessoa voltasse para o meu círculo se a minha vibração não mudasse.

Entendi que, além de mudar a mente, e fortalecê-la para que estivesse sempre ao meu favor, eu precisava trabalhar a minha frequência vibracional. Isso podia parecer estranho, mas era apenas uma lei universal, já que duas pessoas mantêm uma intimidade por causa da tal frequência que emitem uma para a outra. Sabe como funcionam as ondas de rádio? Pois é exatamente da mesma forma que emitimos as ondas. E pode ter certeza: quando a nossa mente está pensando coisas ruins, emitimos ondas que atraem pessoas na mesma sintonia. Isso pode criar um círculo vicioso que não nos leva a lugar nenhum.

Como diz meu amigo Robinson Shiba, em seu livro *Sonhos in box*, precisamos criar um círculo virtuoso e dar nosso melhor a todo momento, para que as pessoas também possam dar aquilo que têm de melhor dentro delas. Não adianta esperar o outro dar, se não somos generosos em oferecer o melhor de nós.

Para entrar numa boa sintonia, não tem mágica: o caminho é controlar as emoções, alinhar a mente e ajustar a frequência. Quando você faz isso, é como se as pessoas certas começassem a surgir na sua vida, numa sincronicidade de eventos fascinante, e trouxessem uma nova realidade dentro do seu dia a dia.

Já reparou que algumas pessoas sempre parecem estar em uma "maré de sorte"? Porque, quando você se sente bem e age dessa maneira, não precisa gastar muita energia para que a vida te traga aquilo que merece. Você simplesmente atrai aquela situação ou oportunidade, sem que aquilo lhe custe tanto esforço.

Mas como mudar internamente?

O primeiro passo é mudar os pensamentos, sentimentos e as crenças. O pensamento emite um sinal elétrico e cria um padrão de crenças e consciência. Quando afirmamos que queremos algo, por exemplo, estamos vibrando em determinado padrão.

Se você é uma pessoa negativa, que só pensa besteira e acha que estou falando balela, pode ter certeza de que o único prejudicado é você.

Quando usamos um filtro do julgamento enquanto lemos algo, já criamos um campo de energia negativa que não nos favorece.

Por isso é importante você saber o que quer e onde quer chegar, já que a qualidade dos seus pensamentos são reflexo da sua verdade interna.

Não dá para querer ter uma atitude mental positiva sem entender que a emoção é uma força que age como um redemoinho de vibrações. Ela se aglutina a outras vibrações, com sinais semelhantes em todo o universo.

Em palavras simples: os semelhantes se atraem.

Mas como podemos coordenar tudo isso dentro de nós?

Se eu não mudasse as crenças que me puxavam para baixo, nunca conseguiria me mover na direção positiva. E aí entendi que o tratamento que eu dava a mim mesmo seria o mesmo tratamento que receberia da vida e das pessoas.

Eu precisava acreditar que merecia mais. Só que, quando não temos crenças de merecimento, é difícil mudar da noite para o dia. Desejamos ter mais e ser melhores, mas achamos que não merecemos aquilo.

Nada está na nossa vida por acaso. A realidade só segue os sinais que estamos emitindo. Cada vez que você se conscientiza disso, seu nível de network muda e você vai atrair pessoas com a mesma linha de pensamento.

A lei da atração tem uma base científica. Hoje se sabe que uma célula sadia vibra de um jeito e célula doente de outro. Quando elas se aproximam uma da outra, a doente só convence a boa de vibrar do jeito e da frequência dela, mesmo que ela não esteja doente. Assim surgem as doenças crônicas, que não têm cura.

Assim também acontece com o ser humano – se começamos a nos relacionar só com pessoas que reclamam, é muito mais fácil começar a reclamar do que fazer elas pararem de reclamar.

As circunstâncias externas só são capazes de mudar o nosso mundo se temos a tendência de culpar o mundo. Por isso, sempre que possível, limpe as teias de aranha do seu pensamento e não deixe que os ladrões de sonhos roubem sua motivação interna.

Você já deve ter saído de uma reunião empolgado com uma nova ideia. Ela era a única coisa que você tinha, de fato. Quando chegou em casa, foi contar justo para uma pessoa que não ousa mudar o canal da televisão, pois está acostumada com a mesma voz na locução do jornal.

Essa pessoa costuma dizer que a sua ideia é uma catástrofe e vai encontrar objeções em tudo que você disser, e você vai perder aquela sensação de que podia sonhar com algo mais.

Eu passei por isso, sei que ladrões de sonhos roubam nosso maior ativo, que é a capacidade de imaginar uma vida diferente da qual estamos acostumados.

Quantas vezes, quando entrei no marketing de rede, não ouvi que aquilo não funcionaria e, se funcionasse, não funcionaria para mim?

As pessoas que falam que algo não funciona geralmente não têm nada a oferecer. Elas não dizem; "Não faça aquilo, faça isto". Elas dizem: "Não faça", sem te oferecem nada em troca.

Geralmente as pessoas que não têm sucesso ficam zangadas quando percebem que alguém sairá da zona de conforto. A pior coisa para elas é ver os outros terem sucesso. Elas se sentem piores porque o sucesso dos outros reforça a incapacidade delas.

Sabemos que todo mundo pode chegar aonde quer. Todo mundo tem dentro de si tudo de que precisa, mas muita gente morre sem despertar esse potencial.

Quando você acredita que pode e merece, começa a questionar. Por que não?

Esse é o ponto da virada. Pergunte-se: Por quê? Por que não eu? Por que não agora?

Aí você começa a mudar um pouco a forma de pensar, porque acredita que merece e levanta todos os dias com motivação, pensando que está trabalhando na transformação da sua própria vida.

São coisas diferentes trabalhar para sobreviver ou para se realizar. Eu sempre digo: a Hinode não muda a vida da pessoa, ela transforma a pessoa.

A pessoa vai se transformar, e a Hinode é o veículo que proporcionará isso.

Quando você vai a uma palestra e almeja ganhar tantos mil por mês, tem que entender que não tem que focar nos dígitos. Se quiser ser um cara que ganha 30 mil por mês, toda a sua concentração deve ser em se tornar uma pessoa de 30 mil. Depois de se tornar um cara de 30 mil, tem de fazer acontecer, para depois ganhar.

Essa é a grande mudança de *mindset*: ser antes de fazer, e fazer antes de ter. Isso para mim fez muita diferença.

Eu, que não tinha ambição e achava que andar de skate e comprar alguma coisa estava bom, passei a desejar mais.

O ser humano racionaliza a falta de ambição e acha que é ganância almejar mais do que se tem. Quando faz isso, arruma uma justificativa para algo que não fez e que deveria ter feito.

Hoje, já com seis dígitos no faturamento mensal, as pessoas perguntam:

"Elton, está na hora de diminuir o ritmo?"

E respondo: "Só vou parar quando o caixão fechar. Mesmo assim, tomem cuidado. Pode ser que eu ainda dê um último suspiro".

Quando a mente sabe o que quer, a atitude colabora, a vida se movimenta para abrir caminhos e tudo conspira a nosso favor.

Quem conhece a história do comandante Rolim, que abandonou o curso de contabilidade para ser piloto de avião, entende bem do que estou dizendo. Motivado por uma atitude positiva, para bancar as aulas de voo, ele limpava aviões no aeroclube e trabalhava como taxista.

Dessa forma, conquistou seu brevê e se tornou piloto de táxi aéreo. Foi com atitude e coragem de um dedicado profissional que anos depois ele comprou a empresa e a transformou na TAM, a maior companhia aérea do país.

Portanto, é o que eu sempre digo: É o seu padrão de pensamento que vai determinar o seu padrão de comportamento!

ESSE É O PONTO DA VIRADA. PERGUNTE-SE: POR QUÊ? POR QUE NÃO EU? POR QUE NÃO AGORA?

CHAVE MESTRA

Tudo na minha vida veio através do relacionamento. Só que demorou para eu entender que, quando duas pessoas se uniam com o mesmo propósito, se tornavam invencíveis. A união entre duas ou mais pessoas com habilidades complementares gera uma combustão poderosa – e é dessa combustão que vou falar agora. É a tal chave mestra que só conseguimos virar quando estamos ao lado de quem anda junto e no mesmo ritmo.

No skate, logo cedo percebi que fazer parte de uma tribo era fundamental. Quem queria aprender sozinho demorava muito mais tempo para conseguir fazer as manobras certas do aqueles que estavam em grupo.

Nossa tribo era unida e os caras se ajudavam sempre que podiam. Quando víamos um dos nossos querer melhorar, todo mundo se reunia para dar aquela força. Um compartilhava o que tinha aprendido com o outro e todo mundo crescia junto.

Mesmo nos campeonatos, torcíamos uns pelos outros e ninguém puxava o tapete de ninguém. Estar entre pessoas que torcem por você é como eleger a sua tribo. Nela, você se desenvolve, assimila novos conhecimentos, fortalece os que já tem e compartilha o que o outro ainda não sabe.

Quando conheci o marketing de rede foi juntar a fome com a vontade de comer. Eu tinha uma vontade insana de fazer a coisa dar certo e, quando conheci a Hinode, logo percebi que ali existia uma possibilidade muito maior de contribuir para que mais pessoas pudessem obter mais resultado e realizar os seus sonhos.

Estava avaliando várias empresas de cosméticos e vi que a Hinode tinha feito uma mudança grande de estrutura. Além disso, me encantava o fato de que a empresa tinha uma história familiar. Ela tinha nascido com a Dona Adelaide e Seu Francisco na garagem de casa. Ele era torneiro mecânico; ela, costureira. Ambos tinham o sonho de criar algo grande e incentivavam os filhos a acreditar numa visão poderosa de algo consistente. A maioria das empresas tinha sido feita com aquela receita. Eles reuniam todos os pré-requisitos de uma grande empresa. Não tinha como falhar.

Comecei um namoro de meses até conseguir um encontro em Goiânia com o presidente da empresa, Sandro Rodrigues, filho da Dona Adelaide e do seu Francisco, os fundadores. Na época, o Sandro me atendeu e foi receptivo às ideias que eu e meu amigo Evandro Vianna levávamos, cheios de gás. Ele era um líder do meu time em outra empresa.

Nós nos apresentamos, descrevendo como achávamos que podia ser a reinvenção daquele negócio. Ele estava saindo de uma fase ruim e nos escutou com atenção.

Daquela aliança, surgia uma potência que nascia com possibilidades gigantescas. A minha conexão como o Sandro foi imediata. A convivência com um cara tão entusiasmado, que acolhia bem as novas ideias e com uma grande fortaleza mental, capaz de fazê-lo atravessar o que ele chama de "deserto" de quatro anos, de quase falência da empresa, fez os projetos ganharem força e se concretizarem com uma velocidade animadora. Era incrível conseguir fazer alianças com pessoas que estavam comprometidas com seus propósitos. Eu e o Evandro, nessa época, levamos inúmeras ideias de inovações que poderiam transformar ainda mais aquela empresa, porque trazíamos a bagagem de alguns anos em empresas de marketing de rede, e percebíamos o que dava certo e o que não dava. Com essas mudanças e inovações, muitos outros líderes se juntaram a nós e tornaram a empresa cada vez mais forte.

A partir daí começou minha trajetória na Hinode. Já tínhamos feito algumas mudanças, melhoramos a estratégia e ajudamos a empresa a se posicionar no mercado. Sugerimos viagens e carros como premiação de incentivo. Eles ainda não tinham cruzeiro de viagens como premiação ou qualquer tipo de viagem de incentivo.

O Sandro abraçou as ideias que levei com o Evandro e fomos incorporando todas elas no nosso dia a dia, criando uma liderança consistente que crescia consideravelmente e obtendo resultados excepcionais. Naquela época eu nem suspeitava que em 2018 fretaríamos duas viagens de navio para comportar mais de 8 mil premiados.

Eu continuava mostrando planos, vendendo produtos, criando a minha rede e percebia que, conforme compartilhava o que tinha aprendido com a minha rede, as pessoas conseguiam empreender com a Hinode e aplicar aquilo que eu já tinha feito. Eu percebia que liderança era ter trilhado um caminho e inspirar as pessoas, contando como eu havia chegado lá, para que entendessem que elas também podiam chegar. Era o que eu fazia. Durante as palestras eu criava momentos para compartilhar tudo que tinha feito e ensinava, acima de tudo, a mentalidade que tinha feito de mim uma pessoa que pagara o preço e conquistara os objetivos.

Só que a chave mestra se tornou um grande fator em minha vida. Percebi que conexões eram importantes e quem queria ir rápido podia ir sozinho, mas quem queria ir longe deveria ir acompanhado.

Em 2014, já estava bem estabilizado na Hinode e começava a diversificar os negócios. Eu buscava abrir uma franquia e, coincidentemente, um amigo da minha equipe, o Mario Tramontina Jr, procurava investidores para um projeto de abrir um grupo de franquias da Hinode no Estado de São Paulo. Marcamos uma reunião, onde conheci o Eduardo Souza e o Rodrigo Pescuma. Nessa época, o projeto era

QUEM QUERIA IR RÁPIDO PODIA IR SOZINHO, MAS QUEM QUERIA IR LONGE DEVERIA IR ACOMPANHADO.

abrir as franquias só no Estado de São Paulo. Eu conhecia o potencial de Cuiabá e mostrei um projeto a eles, para que abríssemos na cidade. Eles compraram a ideia, nós a concretizamos, e a franquia explodiu. Isso os motivou a criar o grupo REM Franquias, do qual sou um dos maiores investidores. Esse grupo possui 35 franquias da Hinode cosméticos espalhadas por todo o país.

Então, tomei gosto pela ideia de criar núcleos onde eu compartilhava conhecimento e absorvia de outras pessoas. Dessa forma, buscava oportunidades de investimento e acabei percebendo que também gostaria de investir em outros segmentos.

Certo dia, depois de uma experiência gastronômica no restaurante Imakay do meu amigo Leo, em Campo Grande, perguntei a ele o que achava de abrirmos uma filial em São Paulo.

Pesquisei e percebi que, dentro do segmento que misturava comida japonesa e peruana, existia pouca coisa parecida e nada com o nível de excelência deles no Brasil. Poderíamos chegar arrebentando, da mesma forma que se tenta uma manobra para acertar na veia ou errar bonito dentro de um campeonato em plena final.

A ideia deu tão certo que convenci outros sócios a investir no negócio e desenhamos tudo. Era o começo de um sonho que, até a publicação deste livro, está em construção para ser inaugurado em 2018.

Você se lembra que falamos da lei da atração? Ela é implacável. Certo dia, num evento em 2016, conheci o Márcio Giacobelli. Na ocasião, ele me disse que estava escrevendo um livro sobre venda direta, chamado *Relacionamento, Influência e Negócios* e perguntou se eu poderia contribuir com a minha história.

Com a aproximação do Márcio, por causa do livro, ele me apresentou outro empresário, o Rafa Prado, autor do livro *100 graus: o ponto de ebulição do sucesso*. Foi nesse momento em que passei a me reunir com outros empresários de diversos segmentos que, juntos, traziam novidades que poderiam ser replicadas nos outros negócios.

O Rafa me convidou para ir a um evento dele, e acabei me associando ao grupo de Mastermind Influence, que ele criara. Esse grupo de Mastermind tem seus princípios inspirados na teoria da mente mestra, ou seja, a união de duas ou mais mentes com o mesmo propósito. No grupo, conheci pessoas de diversas partes do Brasil, com quem viajei e fiz negócios. Estar nos locais onde estão as pessoas que te inspiram pode encurtar caminhos, porque você está na mesma energia de progresso. Com isso, cria possibilidades que podem se tornar próximas da realidade. As ideias saem do papel, as reuniões se tornam produtivas e as sociedades são criadas num piscar de olhos.

Se você não tem um grupo onde possa conversar com outras pessoas sobre sonhos, realizações e novos negócios, sugiro que crie sua turma de amigos com quem possa fazer isso. É uma maneira de dar asas à imaginação, soltar as palavras e realizar em conjunto uma série de coisas que às vezes achamos inimagináveis. É interessante encontrar pessoas com o mesmo propósito e valores, para que a associação seja de sucesso.

Eu, que era um cara tímido e mal me comunicava no colégio, passei a incorporar religiosamente na minha rotina a troca e a comunicação com pessoas que pudessem agregar ou simplesmente trazer novas ideias para os negócios dos quais eu fazia parte.

Esse grupo de que eu participava era formado de pessoas de diversas áreas. Foi lá que tive a oportunidade de dividir, logo no primeiro encontro, o quarto com um cara que vendia chocolates e cerveja – atividade diferente da minha, mas que despertou um alerta. O Guilherme Luz, dono da Chocolate Lugano e cervejaria Rasen, tinha um estilo parecido com o meu e me chamou para almoçar.

De um almoço surgiu um negócio da China. Resolvemos levar os chocolates e cervejas para lá. Fomos para a China abrir uma loja graças a uma feliz coincidência de termos dividido o mesmo quarto num evento, e hoje também me tornei um dos sócios da cervejaria e de diversos restaurantes na cidade de Gramado, no Rio Grande do Sul.

Pelo convívio com amigos influentes que conheci no grupo, há pouco tempo tive a oportunidade de visitar um lugar que um ex-carteiro só poderia conhecer por cartão-postal: a Casa Branca e a Embaixada Brasileira, em Washington.

Quando coloquei meus pés ali, entendi que, para ser o dono do mundo, é necessário mais que conhecimento, habilidade de se comunicar ou simplesmente ter a mente próspera. Para ser o dono do mundo, basta querer ser o dono do seu mundo, sem deixar que qualquer pessoa te diga até onde você pode chegar. Basta ser dono do seu mundo e da sua mente, definindo o caminho que quer traçar. Porque o caminho é só seu.

Entendi, finalmente, que um ex-carteiro não se guia por Waze, nem por mapas ditados por outras pessoas que dizem onde é seu destino final.

Um cara como eu pode simplesmente seguir a mensagem que chega no coração, fazer um aviãozinho de papel e voar – para onde quiser, sem pedir licença para o vento.

Saber guiar a si mesmo é o que te torna o dono do mundo. Quem consegue isso aterrissa onde a visão alcançar.

Quem criou o termo "mente mestra" foi Napoleon Hill, em parceria com o brilhante empresário Andrew Carnegie, um cara que liderou a expansão da indústria de aço no século XIX. Quando chegou aos Estados Unidos, vindo da Escócia, Carnegie tinha pouco mais de um centavo no bolso, mas acabou se tornando, na época, um dos homens mais ricos do mundo. Durante o auge de sua carreira, ele confiou ao jornalista Napoleon Hill a missão de documentar – e compartilhar – as estratégias que o transformaram em um dos empresários mais bem-sucedidos de todos os tempos.

A mais poderosa delas, que ele considera a chave mestra das riquezas, é estar sempre rodeado pelos melhores. Isso porque pessoas bem-sucedidas se cercam de amigos talentosos e colegas que partilham sua visão. O alinhamento de várias mentes criativas é mais poderoso do que apenas uma. Segundo ele, um grupo de cérebros coordenados (ou conectados) em um espírito de harmonia fornecerá mais energia do pensamento que um único cérebro, assim como um grupo de baterias vai gerar mais energia do que uma só bateria.

Robin Sharma, autor do livro *O líder sem status*, fez uma palestra inspiradora na Convenção da Hinode, e tive o prazer de conversar com ele. Ele sempre diz: "Me diga com quem tu andas, que preverei a tua fortuna".

A partir de hoje, determine os locais e as pessoas com as quais quer estar, para que seu sucesso não fique por conta do acaso. Ele está nas suas mãos e a força para que ele aconteça pode estar justamente no poder das alianças que você constrói pelo caminho.

**SABER GUIAR A
SI MESMO É O
QUE TE TORNA
O DONO DO MUNDO.**

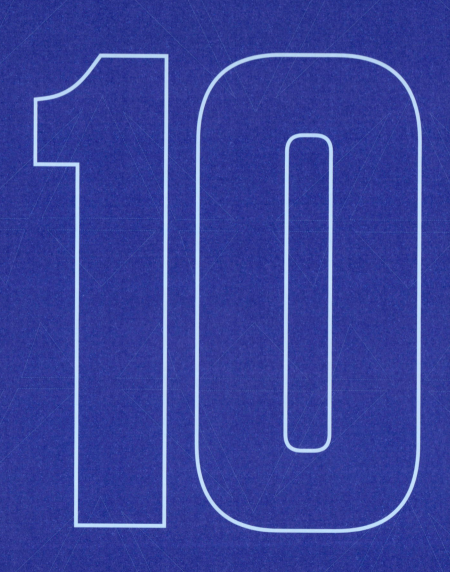

DINHEIRO NA PISTA

As pistas de skate na minha época eram um bocado marginalizadas. Não tinham o status do skate dos dias de hoje, depois do boom do final dos anos 1990.

Hoje falamos de um mercado bilionário, que reúne diversos nichos da sociedade, mas quando eu era jovem, esse esporte não era exatamente o sonho de consumo do brasileiro.

Eu me lembro do primeiro patrocínio que ganhei em um campeonato: uma camiseta e alguns produtos. Aquilo me deixava feliz e realizado, porque a ideia era ter uma chance de acertar as manobras em 45 segundos.

Eu usava a minha estratégia e tentava não errar, mas quando as câmeras estavam desligadas, eu dançava na pista, como se fosse a primeira e única apresentação.

Os pioneiros do esporte, como o Bob Burnquist, hoje acumulam milhões de dólares em contratos publicitários e premiações em competições, e o mercado mostra seu potencial num segmento que movimenta mais de 1 bilhão em vendas somente no Brasil.

Na pista, onde eu não ganhava nenhum centavo, a felicidade contava mais que qualquer eventual patrocínio. E é curioso como eu entendia de planejamento mesmo sem saber. Tinha bons resultados e uma rotina disciplinada como participante de campeonatos, mesmo sem querer ser profissional.

Quando assisto aos games que movimentam milhares de dólares, com grande exposição na mídia e tudo mais, percebo como gostar do que fazemos é primordial quando queremos ganhar dinheiro.

Esse papo pode parecer estranho, mas vejo hoje que, para ter sucesso, é preciso gostar do que se faz, e isso é totalmente diferente de fazer o que se gosta.

Se você olhar a expressão no rosto do cara que está na pista em cima do skate, pode ter certeza: mesmo que ele não ganhe nada com aquela apresentação, aqueles segundos fazem dele um vencedor.

Na minha vida, demorei para entender a complexidade e a simplicidade que envolviam ganhar, ter e guardar dinheiro. Para ser mais específico, eu não sabia sequer a diferença entre segurança, independência e liberdade financeira.

Mas sabia ser um bom mensageiro, e isso era o bastante.

Fosse como entregador de cartas ou como um comunicador dentro das redes sociais, eu fui aprendendo o que havia de valioso em compartilhar conhecimento e transmitir mensagens. Hoje, através dos meus canais, redes sociais, vídeos e textos, percebo que cada vez mais a troca com o público que me segue cria possibilidades para que eu cresça mais e continue compartilhando aquilo que aprendi ao longo da vida.

Um assunto que me persegue é "como sair do zero e ter os resultados que tenho hoje". Trocando em miúdos, as pessoas querem saber como lidar com o dinheiro.

Num país onde a escola nos engessa e nos cria para ser bons empregados, é raro termos educação financeira. Mais raro ainda é encontrar boas referências no assunto. Ainda bem que o mundo digital permitiu que tivéssemos acesso a esse assunto. Hoje centenas de canais abordam o tema e trazem uma riqueza infinita de conteúdo capaz de fazer o mais simples dos skatistas saber como conquistar sua liberdade financeira.

Você já deve ter se perguntado como alavancar seus resultados através do próprio esforço. Quando começamos a ganhar dinheiro, sentimos cosquinhas: gastar faz parte do processo, mas pode ser a manobra que vai te deixar no chão sem base para ir adiante.

Quem já leu o famoso *Os segredos da mente milionária*, de T. Harv Eker, sabe bem do que estou falando. Eu não sei de que perfil você faz parte, mas conheço pessoas com a renda de 1.500 reais que guardam todo mês um pouco e outras que ganham 8 mil, estão sempre endividadas e gastam mais do que podem.

Afinal, como você acha que funciona a cabeça de um rico? Será que ele vai na loja de 1,99 e compra o que não precisa porque está barato? Gasta em parcelas no cartão?

Pois é, eu também não sabia nada de renda passiva, residual, quando abri meu primeiro negócio. Mesmo tendo fracassado, aprendi muita coisa, principalmente que precisava ter várias fontes de renda e o quanto isso era interessante. Por um bom tempo, eu acreditei que as pessoas não poderiam mudar de vida. Tinha nascido numa condição e acreditava que sair dela era inimaginável.

Quando eu montei uma loja, não sabia nada o que era despesa, custo, ativo, passivo. Até era empreendedor, queria crescer, tinha uma visão, mas não era um empresário. Nossa educação formal não nos ensina nada sobre dinheiro e empreendedorismo, mas precisava ter a iniciativa.

Se poucas escolas nos trazem conteúdo direcionado à educação financeira, como funcionário público minha mente era ainda pior. E me acostumava com aquela vida medíocre, onde o ótimo e o extraordinário não eram possíveis e, por mais que minha vida não fosse nada daquilo que eu desejava, eu estava tão acostumado àquela dor que não me mexia para fazer nada.

Você deve conhecer alguém assim, que não levanta a bunda da cadeira, não faz nada ou sempre tem a desculpa certa para não ir adiante numa ideia ou num negócio.

"Tenha a meta de se tornar um milionário, não pelo dinheiro, mas pela pessoa que você vai se tornar ao longo do processo." Costumo dizer que aprendi muito durante a minha jornada, não só até ter o primeiro milhão, muito comemorado por sinal, mas em todos os outros que vieram a seguir.

Crescemos quando amamos aquilo que fazemos, mas isso não significa fazer somente o que se gosta. Ao longo do aprendizado que acumulei, dando murros na parede e cabeçadas, percebi que o emprego é fonte de renda; o trabalho é fonte de vida. São duas coisas distintas.

Mesmo que você seja empregado, tenha a mente de empreendedor, porque a sua ação vai mudar toda a sua história.

Muitas pessoas me perguntam: "Que história é essa de você não trabalhar para o dinheiro e o dinheiro trabalhar para você?". Eu costumo dizer que precisamos saber poupar e trabalhar com o dinheiro. Saber que não é a sua atividade principal que te traz seu ganha-pão, te traz uma liberdade de ir e vir, e tudo aquilo que não se conquista com um salário.

Se eu fosse te dar um conselho, diria que você deveria ver cada real como um soldado indo para guerra por você. E nunca se esqueça de que você é o comandante da tropa. Somos nós que comandamos o dinheiro, não vice-versa.

Nós, brasileiros, somos grandes acumuladores de passivos. Para quem não sabe a diferença entre passivo e ativo, vai uma explicação simples: ativo é o que gera renda; passivo é o que gera despesa.

Uma pessoa, com a possibilidade de começar um negócio com dois ou três mil reais, acha que aquilo vai custar muito caro para ela. Essa mesma pessoa desfila com um celular de 1.500, 2.000 reais, que paga em parcelas. Isso gera despesa para ela.

Tudo isso para dizer que não adianta o quanto você ganha se não mudar o jeito de pensar. Se nós somos educados, desde criança, a gastar, comprar e consumir, se, ao entrarmos na faculdade, ganhamos um cartão de crédito universitário que já nos leva a entrar no mercado de trabalho endividados, se fomos criados para usar limite do cheque especial, como se fosse parte do salário, imagine quanto tempo vai demorar para conquistarmos segurança, independência e liberdade financeira.

A primeira coisa que eu quero deixar bem clara é que aprendi depois de um bom tempo que segurança, independência e liberdade financeira são três coisas completamente distintas.

Segurança financeira é primeira coisa a buscar na vida, é quando a renda do seu trabalho mantém suas necessidades básicas. Independência financeira é quando você tem fluxo de renda passiva capaz de manter seu padrão de vida hoje e por tempo indeterminado. Por exemplo, você tem uma renda de trabalho de 7 mil reais e despesa de 5 mil reais; ou você tem três apartamentos alugados e ganha 5 mil reais. Então, você é independente financeiramente. A independência está relacionada ao seu padrão de vida. Se, nesse exemplo, você subir seu padrão para 7 mil reais, deixou de ser independente.

Outra coisa é a liberdade financeira, que é escolher entre pão com mortadela ou com presunto "pata negra", independente do preço de cada um, simplesmente porque você quer comer aquilo. Quando você usa seu tempo da maneira que deseja, é porque está usufruindo de um grande benefício da independência.

A regra que sempre usei para chegar aqui foi deixar sempre os ativos pagarem o meu luxo. Por exemplo, se quero comprar um apartamento, penso imediatamente como posso gerar renda para pagar a parcela do apartamento, mesmo que eu tenha a capacidade financeira de arcar com aquele custo. Eu vou ter o que eu desejo sem me descapitalizar.

Quando damos valor ao dinheiro, entendemos que, se ganhamos 50 reais numa transação de alguns minutos, ganhamos muito dinheiro. Sabe por quê? Porque para ganhar isso você precisa colocar 10 mil na poupança e esperar trinta dias para ganhar 30 reais que não dependeu do seu esforço.

Muitas pessoas ganham 1.500 reais e gastam mais do que ganham. Elas acreditam que gastam mais do que ganham porque ganham pouco, quando na verdade, se ganhassem mais, gastariam mais.

Se você quer dinheiro na pista, no banco, nos negócios e na mão, precisa ter estar ciente de seus hábitos diários.

Se todos os dias você toma um cafezinho ou come um lanchinho, mas reclama que não tem grana para jantar fora, é porque não faz conta de quanto gastou nas pequenas coisas.

Não é melhor sair para jantar uma vez por mês num lugar bacana do que gastar 30 reais todos os dias num lanchinho?

Para quem quer começar a investir, é preciso aprender a poupar um pouco de dinheiro. Eu aconselho a investir pelo menos 10% da renda total, mesmo que o ideal seja viver com 50% da sua renda e investir os outros 50% em alguma coisa.

Aqui vale lembrar de outra coisa que aprendi depois de muitas quedas: não adianta nada guardar e não se divertir, porque isso está longe de ser prosperidade. O caminho de construir o sucesso financeiro é ter disposição, e isso inclui renunciar a muitas coisas e priorizar outras.

A minha estratégia de alavancagem financeira foi o marketing de rede, e acredito que esta é a melhor porta de entrada para o empreendedorismo, porque traz uma formação excelente, é abrangente e lucrativa.

Para quem quer ficar parado, sentado no sofá e ganhando dinheiro, aí vai um aviso: na hora que o resultado vem, vai valer a pena, e você não vai lembrar do esforço. Tenho certeza de que você já pegou metro e ônibus e não gostava; tenho certeza de que você não gosta de acordar cedo, mas acorda. Geralmente você faz coisas de que não gosta para realizar o sonho do patrão. Quando entendi que eu precisava fazer algumas coisas de que não gostava para realizar o meu próprio sonho, virei a chave.

No começo eu não gostava do marketing de rede. Achava que era ruim bater palma, ir a eventos lotados, mas depois comecei a enxergar que era um negócio rentável e me apaixonei por isso. O importante no início não é ganhar dinheiro, mas sim ter a experiência.

Essa preocupação de ganhar dinheiro é o que faz as pessoas empacarem, é como entrar numa pista de skate sem lembrar da arte da manobra.

Dinheiro todo mundo pode ganhar. Não é difícil ganhar dinheiro, difícil é manter o dinheiro. O dinheiro é como tijolo, é um meio. Ou você constrói um hospital com um tijolo ou joga na cabeça de alguém. Não é ele que vai mudar sua vida, mas sim o uso que você faz dele.

Aliás, acredito que de nada adianta ganhar e viver guardando, sem usufruir das coisas boas da vida.

Há uma história que remete bem a isso, que escrevi de maneira despretensiosa na minha conta do Instagram, após um jantar. O texto viralizou no mundo todo, de maneira inacreditável, e provou que as pessoas estão sedentas por experiências de vida.

Outro dia estava com meu amigo Omar num restaurante e vimos um vinho daqueles bons e caros. O garçom logo perguntou se queríamos aquela safra para acompanhar o pedido. Meu amigo, sem pensar duas vezes, respondeu: "Mete o saca-rolha".

Depois de dar boas risadas com aquela expressão, ele me contou que aquela frase servia para a vida. Ele me contou que havia perdido um grande amigo, dono de uma grande adega, com vinhos caríssimos. Ele deixava os vinhos lá, sem abrir. Certo dia, morreu num acidente. A esposa do cara acabou se casando com outro homem, mais jovem, que consumiu toda a adega em tempo recorde.

Depois disso, meu amigo começou a perceber quantas vezes na vida desperdiçava oportunidades e as deixava para depois, sendo que o depois pode nem existir.

Eu fiquei refletindo sobre isso e hoje quero te perguntar: quantas oportunidades você desperdiça, se preparando, sem entrar em campo? Quantas roupas deixou de usar esperando a ocasião especial? Quantas atitudes deixou de tomar, acreditando que sempre existiria "a semana que vem", adiando seus sonhos?

Por isso, a dica final deste livro é "mete o saca-rolha". Abra a garrafa de sonhos, tome as atitudes que precisa tomar, pare de procrastinar, achando que a vida é eterna e que vai ter todo o tempo do mundo para tentar, cair, errar e seguir em frente.

"Mete o saca-rolha" pode ser uma filosofia de vida. Para meu amigo, que diz que nunca viu carro-forte seguindo carro funerário, é uma frase inspiradora.

Não deixe os bons vinhos para amanhã. Não espere para agir se a hora é agora, não desperdice seu tempo, acreditando que amanhã dá para fazer diferente. O que temos é hoje. Então, mete o saca-rolha e siga em frente!

MENSAGEM FINAL

Sou um mensageiro desde o dia em que comecei a entregar cartas em Campo Grande. A minha mensagem final é de que você guarde este livro como se tivesse recebido uma carta de um amigo que quer te contar aquilo que viveu nos últimos anos. Uma carta com aquilo que ele aprendeu, com o que acha que pode funcionar na sua vida, com algumas lembranças de como foram os dias difíceis, para que você saiba que esses dias também chegam, como mensagens imprevisíveis do Universo.

Se eu puder ajudá-lo a enfrentar um conflito interno, a ultrapassar um obstáculo, a cair, levantar, viver sem medo dos machucados que virão, pense sempre em encontrar aqueles objetivos que seu sonho pode alcançar, e todos os quilômetros debaixo do sol e da chuva terão valido a pena. Quando eu era carteiro, sabia que cada mensagem importava. Sabia que as pessoas estavam sempre se conectando umas às outras através de palavras. Hoje o jeito de mandar mensagens é mais fácil, mas são elas que podem criar perspectivas para a sua vida, fazer transformações e impulsionar você a chegar ali onde merece chegar.

Eu desejo que você caia, para que aprenda a levantar. Desejo que faça manobras ousadas, daquelas que vai se orgulhar depois e contar para os filhos e netos. Desejo que, depois que passar por tudo isso, escreva uma mensagem para as pessoas de que gosta e deixe um pouco do que aprendeu. Só assim você se torna eterno. Porque o que importa, na verdade, não é o mensageiro e sim a mensagem.

Fontes   AMALIA, TUNGSTEN
Papel   ALTA ALVURA 90 g/m²
Impressão   IMPRENSA DA FÉ